EL
PENSAMIENTO
POLÍTICO
LATINOAMERICANO

EL PENSAMIENTO POLÍTICO LATINO- AMERICANO: *SELECCIONES*

Edited and with Introductions by
John M. Bennett and Pablo Virumbrales

New York
OXFORD UNIVERSITY PRESS
London   1976   Toronto

6C

ACKNOWLEDGMENTS

Pedro Albizu Campos, LA CONCIENCIA NACIONAL PUERTORRIQUENA, México, Siglo XXI Editores, 1972.

Salvador Allende, "Lo que Allende denunció," INDICE, Madrid, XXVIII, núm. 338-39, 1973.

Mariano Azuela, OBRAS COMPLETAS I, México, Fondo de Cultura Económica, 1959.

Miguel Barnet, "Epitafio," EL CORNO EMPLUMADO, México, núm. 23, 1967.

Fidel Castro, "El discurso de Fidel," PUNTO FINAL, Santiago de Chile, IV, núm. 110, 1970.

Régis Debray, CONVERSACIÓN CON ALLENDE, México, Siglo XXI Editores, 1971.

Edmundo Desnoes, "Las armas secretas," EL CORNO EMPLUMADO, México, núm. 31, 1969.

Luis Echeverría Álvarez, "Construyendo nuestra democracia," EL GOBIERNO MEXICANO, México, 2ª época, núm. 4, 1971.

Manuel González Prada, MANUEL GONZÁLEZ PRADA, selección y prólogo de Luis Alberto Sánchez, México, Imprenta Universitaria, 1945.

Manuel González Prada, PÁJINAS LIBRES, Lima, Ediciones Páginas de Oro del Perú, 1966.

Ernesto "Che" Guevara, EL DIARIO DEL CHE EN BOLIVIA, México, Siglo XXI Editores, 1968.

Ernesto "Che" Guevara, OBRA REVOLUCIONARIA, México, Ediciones Era, 1967.

Ernesto "Che" Guevara, RELATOS DE LA GUERRA REVOLUCIONARIA, Buenos Aires, Editora Nueve 64, 1965.

Ernesto "Che" Guevara, EL SOCIALISMO Y EL HOMBRE, Montevideo, Ediciones Nativa Libros, 1966.

José Carlos Mariátegui, SIETE ENSAYOS DE INTERPRETACIÓN DE LA REALIDAD PERUANA, Santiago de Chile, Editorial Universitaria, 1955.

José Martí, SUS MEJORES PÁGINAS, México, Editorial Porrúa, 1970.

Pablo Neruda, ANTOLOGÍA, Santiago de Chile, Editorial Nascimento, 1970.

Heberto Padilla, EL JUSTO TIEMPO HUMANO, Barcelona, llibres de Sinera, 1970.

Octavio Paz, CORRIENTE ALTERNA, México, Siglo XXI Editores, 1971.

Octavio Paz, EL LABERINTO DE LA SOLEDAD, México, Fondo de Cultura Económica, 1959.

"Plan espiritual de Aztlán," in Castañeda Shular and others, LITERATURA CHICANA: TEXT AND CONTEXT, Prentice-Hall, Inc., Englewood Cliffs, N. J., © 1972.

Pablo de Rokha, MIS GRANDES POEMAS: ANTOLOGÍA, Santiago de Chile, Editorial Nascimento, 1969.

Nathanial Tarn, ed., CON CUBA, Cape Goliard Press with Grossman Publishers, London, 1969. [For poems of N. Morejón and H. Padilla.]

Camilo Torres, EL CURA REVOLUCIONARIO: SUS OBRAS, Buenos Aires, Ediciones Cristianismo y Revolución, 1968.

United Farm Workers, PLAN DE DELANO, Keene, California, 1966.

Agustín Yáñez, CONCIENCIA DE LA REVOLUCIÓN, México, Editorial Justicia Social, dist. por Porrúa, 1964.

Printed in the United States of America

PREFACE

The purpose of this book is to provide a graded reader for use in college and advanced secondary Spanish classes that deals with actual and controversial events and ideas occurring in Spanish American society and culture. We hope that the student will not only be encouraged to learn and improve his or her Spanish language skills, but that he or she will acquire a much deeper understanding of at least one very important aspect of the Spanish American world.

The book may be used at several levels of language instruction but probably cannot be used at any time prior to the second year: that is, the student should have at least a minimal familiarity with almost all units of Spanish grammar. It is to this minimal level that the lessons have been graded, especially in the first part of the book. The lessons, in fact, build upon each other, and tend to become longer and somewhat more complex in vocabulary and syntax toward the book's end. The texts have been graded; that is, some of the syntax and vocabulary have been simplified (less so in the later part of the book), but we have taken extreme pains to avoid altering the content of the passages in any significant way. In places where a complex word or structure has been impossible to replace without altering the meaning, we have left the text in its original form and provided more extensive explanations in the "Vocabulario." The instructor may also be counted upon to help in some of these cases.

La Revolución has been designed for use either as a reader in advanced Spanish courses, where it might be supplemented with other readings and/or a standard grammar review text, or it may be used as the sole text in a second- or third-year Spanish course. The authors used it with great success as the only text in the fourth quarter of instruction, following three quarters of traditional instruction in language skills. The method we used was generally as follows: Every class day, the students would prepare one lesson by reading the text, learning the vocabulary, and preparing written answers to the questions. The questions have been designed not only to stimulate thought and discussion about the content of the texts but also to force the students to use certain syntactical structures. In class, the instructor would first discuss briefly the author and country involved, doing this mostly in Spanish. The students would then be called upon to read portions of the text aloud, and to translate them into English. These readings and translations would serve as a basis for the instructor to discuss and explain any grammatical or idiomatic matters that presented themselves. The students would then be called upon to give their answers to the questions and the instructor would ask further questions, stimulating discussion, in English and Spanish, which would occupy the rest of the period. Occasionally there would be a short quiz in class, and there was a full hour exam at the end of each of the chapters. It should be noted that there are more texts than can probably be used in the period of a quarter or semester, allowing the instructor or class to have some choice in the ones used.

The preceding notes on method should be regarded only as a suggestion, since many variations and additions are clearly possible. The basic idea is not to instruct by "programming" the students too much, which is a technique that, especially in language training, has come up against a great deal of student resistance recently and which, therefore, has lost a great deal of its original effectiveness. Rather, the idea has been to provide the students with interesting and relevant material, material which in the past might have been regarded as too linguistically "advanced" for them, and let their desire to understand that material, in its original language, be the principal educational force. The success of this approach went far beyond the authors' expectations. The student reaction was overwhelmingly positive, and anonymous evaluations at the end of the courses produced reactions like: "Better than any other language course I have had. It gave me more of a 'feel' of the language and how it is used in real life, not 'text life' "; I feel this course is far superior to any language course I've taken . . ., because I feel the material is interesting and it helps me to understand revolution from the view-point of the revolutionary. . . . It has given me a different perspective. . . . It has helped me to understand the language, not as a set of rules . . . but to understand it in a practical way . . . rather than copy questions and fill in the blanks"; "This course was much more valuable to me than any other language course I have ever had. By translating the articles, I was able to improve my Spanish vocabulary, reading ability, and have a good understanding of the social and political atmosphere in Latin America." These were quite typical remarks and are generally in agreement with the authors' own observations of the improvement and enthusiasm of the students, many of whom had done poorly in language before and who regarded language courses as simply another of the annoying and senseless requirements set up by the university establishment as part of the price of a college degree. The authors found that material such as that contained in this book was enormously helpful in restoring student interest in foreign languages and cultures.

The passages in this anthology were chosen primarily for the clarity and interest of the ideas contained in them; there has been less of an attempt to present a balanced selection representative of all the different intellectual currents relevant to the idea of revolution or social change in Spanish America. The idea has been to stimulate thought and understanding of the subject, rather than to provide a representative survey. The fact, however, that there is little in the work that is *anti* social change does reflect a true state of affairs in that there is little written in Spanish America, beyond simple journalisic propaganda, that takes such a conservative position. There are obviously strong conservative forces in Spanish America, but they seem to have few intellectual or literary spokesmen.

We gratefully acknowledge the help and support we have received for this project from the Department of Romance Languages at the Ohio State University—from Nancy Garland and Margaret Van Epp Salazar, who taught numerous sections of the course, from the students of Spanish 194 and 104.04, and from the patient Karen Lower, who typed and typed and typed.

CONTENTS

EL
PENSAMIENTO
POLÍTICO
LATINOAMERICANO

EL TRASFONDO: LATINO-AMÉRICA

Siquiera sea brevemente, vamos a trazar una breve intro-
ducción a Latinoamérica, que comprende a las veinte
repúblicas al sur del río Grande que se expresan en español,
más Brasil que lo hace en portugués y Haití en francés. Entre
la parte norte del continente de habla inglesa y la parte sur,
predominantemente ibérica, hay una diferencia en la forma de
efectuarse la colonización que explica muchas de las
diferencias entre ambas Américas. Los españoles se instalaron
en el continente en 1492 y durante todo el siglo XVI fueron
los únicos europeos en América, junto con los portugueses,
estableciendo una sociedad agrícola y de castas, esencialmente
autoritaria y aristocrática. Los españoles venían como
conquistadores y señores, sin intención de quedarse, y con
ánimo imperialista y explotador, para lo cual necesitaban a
los indios o a los negros, trabajando forzadamente para ellos.
Los ingleses, en cambio, vinieron a principios de 1600, como
colonizadores, dispuestos a asentarse en la nueva tierra y con
una ideología burguesa y democrática, que excluía a los
indios, que no necesitaban. Eso explica la tradición
democrática y racista de la América anglo-sajona y la tradición
aristocrática y mestiza de la América ibérica, que se refleja
hasta nuestros días en sus instituciones.

Por su lengua y cultura, América Latina, lo mismo que la
América anglo-sajona, pertenece al mundo occidental que
tiene su origen en la civilización greco-latina, pero la zona
norte es preferentemente protestante, mientras que la parte
ibérica es católica en su mayoría. Los 300 millones de Latinoamericanos son en su mayoría mestizos, una mezcla de
blancos e indios más el aporte negro en la zona del Caribe.
Los descendientes de europeos, españoles sobre todo, son una
minoría que se encuentra en las clases dirigentes, habiendo
una correlación entre la posición social y el color de la piel,
herencia de la colonia. Solo en la parte sur del continente, en
Argentina, Uruguay y en zonas de Brasil y Chile, hay una
mayoría de orígen europeo, como en los Estados Unidos y
Canadá.

Económicamente, Latinoamérica pertenece al Tercer
Mundo, a pesar de su cultura occidental y de estar más
desarrollada que Africa o Asia. Su economía es pre-

dominantemente agrícola, basada en el monocultivo y en la exportación de materias primas, lo que hace que los latinoamericanos vendan barato y compren caro los productos manufacturados de los países industriales, sobre todo de los Estados Unidos. La economía latinoamericana ha sido desde su origen una economía colonizada y de explotación, primero por España y Portugal y luego por los Estados Unidos. De esta situación se benefician las minorías dirigentes en el poder y las compañías multinacionales norteamericanas cuyas ganancias son enormes y que en casos como el de la United Fruit Company controlan países enteros.

Desde la independencia de América Latina en 1820, sus dirigentes adoptaron una ideología liberal y democrática, sin solucionar el problema económico, basado en los latifundios y la explotación de las masas. Por ello Iberoamérica continuó siendo conservadora, aristocrática y reaccionaria. Posteriormente, y con Francia y la Europa industrializada como modelos, los intelectuales latinoamericanos mezclaron su liberalismo con el positivismo del siglo XIX, pero sin ver que el problema estaba en la base económica. González Prada fué de los primeros en verlo, al darse cuenta que el problema del indio era el problema de la posesión de la tierra. Lo mismo hizo Martí, que denunció los peligros del imperialismo norteamericano. Y siguiendo esa ruta, vinieron Mariátegui, Torres y los intelectuales latinoamericanos de hoy día, cuyo objetivo principal es la lucha contra el imperialismo y la instalación en el poder del pueblo y no de una minoría.

MANUEL GONZÁLEZ PRADA

Manuel González Prada nació en Lima en 1848, en una familia de alta posición social de origen español. En su adolescencia estudió en un seminario y después comenzó la carrera de Derecho, abandonándola también. Desde entonces llevó una vida retirada, dedicada a la lectura y a escribir poesía. La derrota peruana en la guerra contra Chile en la que participó, le afectó profundamente y le movió a iniciar una campaña de renovación nacional que se prolongará hasta su muerte en 1918. Este movimiento de renovación del Perú lo comenzó con el discurso en el teatro Politeama de Lima en 1888 y lo continuó por medio de ensayos, poemas y conferencias. González Prada fué más un hombre de letras y un ensayista que un hombre de acción y en su ideología positivista, había una clara tendencia aristocrática, individualista y esteticista. Pero el aspecto más notorio de su pensamiento era su rebeldía iconoclasta y revolucionaria, con su defensa del indio y sus ataques incesantes a la oligarquía peruana, razón por la cual Mariátequi y la moderna intelectualidad radical del Perú se consideran legítimos herederos suyos.

Discurso en el Politeama
1888 *(fragmento)*

Hablo, señores, de la libertad para todos, y principalmente para los más *desvalidos*. No forman el verdadero Perú los criollos y extranjeros que *habitan* la *faja* de tierra entre el Pacífico y los Andes; la nación está formada por las *muchedumbres* de indios del *lado oriental* de la *cordillera. Durante* trescientos años el indio ha sufrido en las *capas* inferiores de la civilización, *siendo* un *híbrido* con los *vicios* del bárbaro y sin las *virtudes* del europeo: enséñanle ustedes a leer y escribir, y verán si en un cuarto de siglo se levanta o no a la dignidad de hombre. Ustedes, maestros de escuela, *tienen que* despertar una raza que *se adormece* bajo la tiranía del *juez de paz*, del gobernador y del *cura*, esa *trinidad embrutecedora* del indio.

No *falta* nuestra raza electricidad en los nervios ni *fuego* en el *cerebro;* nos falta consistencia en el *músculo* y *hierro* en la sangre. Anémicos y nerviosos, no sabemos amar ni odiar con *firmeza. Versátiles* en política, amamos hoy a un *caudillo* hasta sacrificar nuestros derechos a la dictadura; y le *odiamos* mañana hasta *derribarle* y *hundirle* bajo *una inundación* de sangre. Sin paciencia de *aguardar* el bien, queremos que un hombre *repare* en un día las faltas de cuatro generaciones.

VOCABULARIO

desvalido destitute; helpless
habitar to inhabit
faja, f. belt, strip
muchedumbre, f. multitude
lado, m. side
oriental eastern
cordillera, f. mountain range
durante during
capa, f. layer, stratum
siendo pres. prog. of **ser:** being
híbrido hybrid
vicio, m. vice
virtud, f. virtue
tener que to have to
adormecerse to fall asleep; to get numb
juez de paz, m. justice of the peace

cura, m. curate, priest
trinidad, f. trinity
embrutecedor brutalizing
faltar to lack
nervio, m. nerve
fuego, m. fire
cerebro, m. brain
músculo, m. muscle
hierro, m. iron
firmeza, f. firmness
versátil versatile
caudillo, m. leader, caudillo
odiar to hate
derribar to overthrow
hundir to sink
inundación, f. flood
aguardar to await
reparar to repair

PREGUNTAS

1. ¿Qué tienen que hacer los maestros de escuela?
2. ¿Cuál es la posición social del indio peruano hoy?

3. ¿Cuál es la raza ("nuestra raza") de que habla González Prada?
4. ¿Cómo es esa "raza"?
5. ¿Qué hace en la política esa "raza"?
6. Dar ejemplos contemporáneos de caudillos.

Nuestros indios
1904 (fragmento)

La condición del indio puede mejorar de dos maneras: o el corazón de los *opresores* se *conduele* al reconocer el *derecho* de los *oprimidos*, o el *ánimo* de los oprimidos *adquiere* la fuerza suficiente para *escarmentar* a los opresores. Si en un *rincón* de su *choza* el indio escondiera un rifle, cambiaría de condición, haría respetar su *propriedad* y su vida. A la violencia respondería con la violencia, escarmentando al *patrón* que la *arrebata* las *lanas*, al soldado que le *recluta* en nombre del gobierno, al *ladrón* que le roba *ganado*.

El indio no debe tener *humildad* y resignación, sino *orgullo* y rebeldía. ¿Qué ha ganado con trescientos años de paciencia? Mientras menos *autoridades sufra*, de mayores *daños* se liberta. Hay un hecho importante: hay mayor *bienestar* en las regiones más distantes de las grandes *haciendas*, hay más orden y tranquilidad en los pueblos menos visitados por las autoridades.

En resumen: el indio se librará *por su esfuerzo propio*, no por la humanización de sus opresores.

VOCABULARIO

opresor, m. oppressor
condolerse to feel sorry; to sympathize

derecho, m. right
oprimido, m. oppressed
ánimo, m. soul, spirit

adquirir   to acquire
escarmentar   to punish severely
rincón, m.   corner
choza, f.   hut, shack
propiedad, f.   property
patrón, m.   boss, master
arrebatar   to snatch away
lana, f.   wool
reclutar   recruit
ladrón, m.   thief
ganado, m.   livestock

humildad, f.   humility
orgullo, m.   pride
autoridad, f.   authority
sufrir   to suffer
daño, m.   damage, harm
bienestar, m.   well-being
hacienda, f.   large ranch, estate, hacienda
en resumen   to sum up, in brief
por su esfuerzo propio   by their own strength or efforts

PREGUNTAS

1. ¿Cómo se puede mejorar la condición del indio?
2. ¿Quiénes son los opresores del indio?
3. ¿Dónde encuentra el indio mayor bienestar?
4. ¿Qué debe tener el indio para liberarse?
5. ¿Cuántos años ha vivido el indio en la opresión?

JOSÉ MARTÍ

José Martí nació en Cuba en 1853, hijo de padres españoles de origen humilde. A los dieciseis años fué detenido y enviado a prisión por un año, por haber ayudado a los patriotas cubanos que luchaban por independizarse de España. En 1871 se trasladó a Madrid donde empezó a estudiar Derecho, graduándose tres años más tarde en Zaragoza. Al concluir sus estudios, Martí continuó su vida en el exilio, residiendo durante varios años en México, Guatemala y Venezuela, siempre trabajando por la causa de la independencia cubana y escribiendo prosa y poesía. En 1878 regresó de nuevo a Cuba, gracias a una amnistía, pero detenido de nuevo por sus actividades políticas clandestinas fué deportado a España en 1880, dejando a su joven esposa que no le quiso seguir. Desde Europa se embarcó para Nueva York, donde residió hasta su muerte, haciendo numerosos viajes a diversas partes de los Estados Unidos, y a diferentes países americanos, todo para hacer avanzar la causa de la independencia de Cuba. Su actividad en Nueva York fué excepcional, pués además de escribir innumerables artículos periodísticos de una gran calidad, varios libros de poesía y una novela, tradujo obras del inglés, pronunció multitud de conferencias, asumió la representación consular de varios países latinoamericanos y sobre todo se convirtió en el coordinador y presidente del Partido Revolucionario Cubano, cuyas bases redactó en 1892. Después de conseguir unir a los patriotas cubanos, entre ellos a los experimentados guerrilleros Máximo Gómez y Antonio Maceo, desembarcó en Cuba para empezar la guerra de independencia, muriendo en una escaramuza con las tropas españolas el 19 de mayo de 1895.

Como pensador Martí fué el más consistente y valioso de todos los hispanoamericanos de la 2ª mitad del siglo XIX. Su firme creencia en la igualdad de todas las razas, su simpatía fraternal por todos los oprimidos, su desprecio del materialismo y del imperialismo de los northeamericanos y su apasionada defensa de la libertad, hacen que la figura de Martí permanezca tan viva y actual hoy como ayer. Una prueba de ello es que la Cuba socialista de nuestros días se dice continuadora del humanismo martiano.

Bases
del Partido
Revolucionario Cubano
1892 *(fragmentos)*

Artículo 1 —El Partido Revolucionario Cubano *se constituye* para *lograr*, con los *esfuerzos reunidos* de todos los hombres de buena *voluntad*, la independencia absoluta de la Isla de Cuba, y *ayudar* a la de Puerto Rico.

Art. 2 —El Partido Revolucionario Cubano no tiene por objeto *precipitar* inconsiderablemente la guerra en Cuba, sino hacer una guerra generosa y breve, para asegurar en la paz y el trabajo la felicidad de los habitantes de la Isla.

Art. 3 —El Partido Revolucionario Cubano reunirá los elementos de revolución que existen hoy a fin de *fundar* en Cuba, por una guerra de *espíritu* y método republicanos, una nación *capaz* de asegurar la *dicha* de sus hijos y de *cumplir*, en la vida histórica del continente, los *deberes* difíciles de su situación geográfica.

Art. 4 —El Partido Revolucionario Cubano no se *propone* perpetuar en la República Cubana, con cambios más aparentes que esenciales, el espíritu autoritario y la burocracia de la *colonia*, sino fundar en el ejercicio abierto y cordial de las capacidades legítimas del hombre, un pueblo nuevo y de sincera democracia, capaz de *vencer* los *peligros* de la libertad *repentina* en una sociedad *compuesta* para la *esclavitud*.

Art. 5 —El Partido Revolucionario Cubano no tiene por objeto llevar a Cuba un grupo victorioso que considere la Isla como su *presa* y *dominio*, sino preparar una guerra que se ha de hacer para los cubanos, y dar a todo el país la patria libre.

Art. 7 —El Partido Revolucionario Cubano *cuidará de* no crear la *malevolencia* o *suspicacia* de los pueblos con quienes la prudencia o el *afecto aconseja* o *impone* el *mantenimiento* de relaciones cordiales.

VOCABULARIO

base, f. basis
constituirse to constitute oneself
lograr to achieve
esfuerzo, m. effort
reunir to unite
voluntad, f. will
ayudar to aid, to help
precipitar to precipitate; to rush
asegurar to assure
fundar to found
espíritu, m. spirit
capaz capable
dicha, f. good fortune; happiness
cumplir to fulfill
deber, m. duty
proponer to propose

colonia, f. colony; colonial period
vencer to overcome, to conquer
peligro, m. danger
repentina sudden
componer to compose
esclavitud, f. slavery
presa, f. spoils, booty
dominio, m. domain
cuidar de to be careful to
malevolencia, f. malevolence
suspicacia, f. suspicion
afecto, m. affection
aconsejar to counsel, to advise
imponer to impose
mantenimiento, m. maintenance

PREGUNTAS

1. ¿Cómo debe ser la guerra, según Martí?
2. ¿Cuál debe ser la posición de Cuba con respecto a las demás naciones del mundo?
3. ¿Cómo era el pasado cubano?
4. ¿Qué propone Martí para el futuro político de Cuba?
5. ¿Cuál será el problema más grande para ese futuro?
6. ¿Qué quiere decir "revolución" según Martí?

Carta
al General
Máximo Gómez
1892 *(fragmento)*

Los tiempos grandes *requieren* grandes sacrificios, y yo me siento *confiado* a pedir a usted que deje en manos de sus hijos nacientes y de su compañera abandonada, la fortuna que usted les está levantando con mucho trabajo, para ayudar a Cuba a conquistar su libertad, con *riesgo* de la muerte; vengo a pedirle que cambie el *orgullo* de su bienestar y la paz gloriosa de su descanso, por los *azares* de la revolución y la amargura de la vida *consagrada* al servicio de los hombres. Y yo no dudo, señor Mayor General, que el Partido Revolucionario Cubano, que es hoy cuanto hay de visible de la revolución en que usted *sangró* y triunfó, *obtendrá* sus servicios en el *ramo* que le ofrece, a fin de ordenar, con el ejemplo de su abnegación y su *pericia reconocida*, la guerra republicana que el Partido y la Isla están en la obligación de preparar para la libertad y el bienestar de todos sus habitantes y la independencia definitiva de las Antillas.

Y *en cuanto a mí*, señor Mayor General, *por el término* en que esté sobre mí la obligación que el *sufragio* cubano me ha *impuesto*, no tendré orgullo mayor que la compañía y el consejo de un hombre que no *se ha cansado* de la noble *desdicha*, y se vio día a día, durante diez años, enfrente de la muerte, por defender la *redención* del hombre en la libertad de la patria.

Patria y Libertad.

El Delegado:
José Martí.

VOCABULARIO

requerir to require
confiado confident
riesgo, m. risk, danger
orgullo, m. pride
azar, m. chance, destiny
consagrar to dedicate
sangrar to bleed
obtener to obtain
ramo, m. branch (as in "branch of service")
pericia, f. skill, expertise
reconocer to recognize

en cuanto a —— with respect to _____, as far as _____ is concerned
por el término as long as
sufragio, f. suffrage
imponer to impose
consejo, m. advice, counsel
cansarse to get tired
desdicha, f. misfortune; unhappiness
redención, f. redemption

PREGUNTAS

1. Según Martí, ¿cuáles son los fines de la revolución?
2. ¿Es el estilo de Martí "romántico" u "objetivo"?
3. ¿Cuáles son los sacrificios que el revolucionario tiene que hacer?
4. ¿Cuál es el valor moral de la revolución?

JOSÉ CARLOS MARIÁTEGUI

José Carlos Mariátegui nació en Lima en 1895, en una familia mestiza de escasos medios económicos. Huérfano de padre a los cuatro años, se vió forzado a trabajar como linotipista en un periódico a la temprana edad de once años, a pesar de su escasa salud y de la cojera que le afectó toda su vida. A los dieciseis años empezó a colaborar en los periódicos de Lima, ocupándose sobre todo de temas artísticos, pero poco a poco fué interesándose más por los asuntos sociales, guiado por la admiración que le infundía González Prada. En 1919 fundó un periódico de orientación obrerista, adoptando una postura francamente crítica del gobierno del presidente Leguía, razón por la cual fué enviado a Europa en donde residió cuatro años: tres en Italia y uno en Alemania. En Italia empezó a estudiar a fondo el marxismo, asistiendo a la fundación del Partido Comunista italiano y a la toma del poder por el fascismo; también se casó. En 1923 regresó al Perú, emprendiendo una incansable campaña de propaganda socialista, a pesar de su mala salud, que le obligó a usar un sillón de ruedas hasta su muerte, al serle amputada una pierna. En 1928 publicó *Siete ensayos de la realidad peruana* y en ese mismo año fundó el Partido Socialista peruano. Muere dos años después, en 1930. José Carlos Mariátegui era un crítico y ensayista de gran talento y originalidad y su obra es la primera exposición seria y rigurosa del marxismo en Latinoamérica, siendo su marxismo no un vulgar determinismo económico, sino un sistema en el que la ideología a veces juega un papel tan importante como la base económica.

El problema del indio

1928 (fragmentos)

La *población* del Imperio *incaico* era de unos diez millones o más. La *Conquista* fué una tremenda *carnicería*. Los pocos conquistadores españoles no podían *imponer* su dominio sino *aterrorizando* a la población *indígena*, en la cual las *armas* y los caballos *produjeron* una fuerte impresión supersticiosa. La organización política y económica de la Colonia, que siguió a la Conquista, no causó el *exterminio* de la raza indígena. El *Virreinato* fue un *régimen* de brutal explotación. El deseo de los metales preciosos, *orientó* la actividad económica española *hacia* la explotación de las *minas* de oro y plata que, bajo los incas, habían sido trabajadas muy poco. *Establecieron* los españoles, para la explotación de las minas, un sistema de trabajos *forzados* y *gratuitos*, que *diezmó* la población de indios. Esta quedó reducida a un *estado* de esclavitud. No faltaron *voces* humanitarias que hablaron al rey de España sobre la defensa de los indios. El padre de Las Casas fue muy importante en esta defensa. Las Leyes de Indias tenían el *propósito* de *proteger* a los indios, *reconociendo* su organización *típica* en "comunidades." Pero los indios continuaron bajo un feudalismo que *destruyó* la sociedad y la economía incaicas, sin *sustituirlas* con un orden capaz de organizar progresivamente la producción.

VOCABULARIO

población, f. population
incaico Incan
Conquista, f. the Conquest (of America)
carnicería, f. butchery
imponer to impose

aterrorizar to terrorize
indígena indigenous
producir to produce
armas, f. weapons
terminar to terminate, to finish
exterminio extermination

15

Virreinato, m.   Viceroyalty
régimen, m.   régime
orientar   to orient
hacia   toward
mina, f.   mine
establecer   to establish
forzar   to force
gratuito   free; without compensation
diezmar   to decimate
estado, m.   state, condition

voz (pl., **voces**), f.   voice
propósito, m.   aim, purpose
proteger   to protect
reconocer   to recognize
típico   typical
comunidad   community
destruir   to destroy
sustituir   to substitute
interés, m.   interest
frustrar   to frustrate

PREGUNTAS

1. ¿Cómo era la vida de los indios en la Colonia?
2. ¿Cuál era el *interés* principal de los españoles en América?
3. ¿Cuál fue la organización socioeconómica de los indios antes de llegar los españoles?
4. Describir la Conquista.
5. ¿Cuál era el propósito de las Leyes de Indias?
6. ¿Por qué se *frustró* ese propósito?

La Revolución de la *Independencia* no fué un movimiento indígena, sino un movimiento de los *criollos* y aún los españoles de las colonias. Pero *aprovechó* la ayuda de la *masa* indígena. En el programa liberal de la Revolución de Independencia, se *proponía* la *redención* del indio, *consecuencia* automática de la aplicación de sus ideales *igualitarios.* Y, así, entre los primeros *actos* de la República, se hicieron *varias* leyes y *decretos* favorables a los indios. Se ordenó el *reparto* de tierras, la abolición de los trabajos gratuitos, etc.; pero todos estos decretos fueron sólo escritos, sin *gobernantes capaces* de *realizarlas.* La aristocracia *latifundista* de la Colonia, todavía en el *poder,* conservó intactos sus *derechos feudales* sobre la tierra y, en consecuencia, sobre el indio.

El Virreinato es menos *culpable* que la *República.* El Virreinato tiene, originalmente, toda la responsabilidad de la *miseria* y la depresión de los indios. Pero, en ese tiempo de la *Inquisición*, una gran voz cristiana, la de fray Bartolomé de Las Casas, *defendió* enérgicamente a los indios contra los métodos brutales de los *colonizadores*. No *ha habido* en la República un *defensor* tan *eficaz* y tan enérgico de la raza india.

VOCABULARIO

Independencia, f. independence
criollo, m. native american of Spanish background
aprovechar to take advantage of, to utilize
masa, f. mass (as in "mass of people")
proponer to propose
redención, f. redemption
consecuencia, f. consequence
igualitario equalitarian
acto, m. act
varios several, various
decreto, m. decree
reparto, m. distribution
abolición, f. abolition
gobernante, m. ruler
capaz (pl. **capaces**) capable
realizar to fulfill, to carry out
latifundista large landholding (adj.)

latifundista, m. large landholder
poder, m. power
conservar to conserve
derecho, m. right
feudal feudal
en consecuencia in consequence, as a result
culpable guilty
República, f. republic
miseria, f. misery
Inquisición, f. the Inquisition
defender to defend
colonizador, m. colonizer
ha habido (inf. **haber**) has been
defensor, m. defender
eficaz effective
beneficio, m. benefit
latifundio, m. large landholding (noun)

PREGUNTAS

1. ¿Quién hizo la Revolución de Independencia?
2. ¿Qué *beneficios* recibió el indio de la Independencia?
3. ¿Qué dijo el gobierno de la República sobre los indios?

4. ¿Por qué es el Virreinato menos culpable que la República?
5. ¿Cómo funciona el *latifundio* en la represión de los indios?

Mientras el Virreinato era un régimen *medieval* y *extranjero*, la República es oficialmente un régimen peruano y liberal. La República tiene, en consecuencia, *deberes* que no tenía el Virreinato. La República tiene la responsabilidad de *elevar* la condición del indio. Y *contrariando* este deber, la República ha *empobrecido* al indio, ha *agravado* su depresión y ha *exasperado* su miseria. La República ha *significado* para los indios una nueva clase dominante que les ha quitado sistemáticamente sus tierras. Para una raza de *costumbre* y de *alma agrarias*, como la raza indígena, este *despojo* ha *constituído* una causa de *disolución* material y moral. La tierra *ha sido* siempre toda la *alegría* del indio. Siente que "la vida viene de la tierra" y vuelva a la tierra. El indio, entonces, puede ser indiferente a todo, pero no a la posesión de la tierra. La esclavitud del indio, en suma, no ha *disminuído* bajo la República. Todas las *revueltas* del indio han sido *ahogadas* en sangre. A las *reivindicaciones desesperadas* del indio les ha sido *dada* siempre una *contestación* militar. El silencio de la *puna* ha guardado el trágico secreto de estas contestaciones.

La República, *además*, es responsable de haber *debilitado* las energías de la raza. La causa de la redención del indio se *convirtió* bajo la República, en un *tópico demagógico* de algunos caudillos. Así se debilitó en los indios la voluntad de luchar por sus reivindicaciones.

VOCABULARIO

medieval medieval
extranjero foreign
deber, m. duty
elevar to elevate

contrariar to oppose; to thwart
empobrecer to impoverish
agravar to aggravate
exasperar to exasperate

significar to signify, to mean
quitar to take away
costumbre, f. custom
alma, f. soul
agrario agrarian
despojo, m. plundering,
  despoilment
constituir to constitute
disolución, f. dissolution
ha sido (inf. **ser**) has been
alegría, f. happiness
disminuir to diminish
revuelta, f. revolt
ahogar to drown

reivindicación, f. demand,
  claim
desesperado desperate
dada (inf. **dar**) given
contestación, f. answer, reply
puna, f. high tableland
además in addition, as well
debilitar to weaken, to
  debilitate
convertir to convert
tópico, m. topic
demagógico demagogic
luchar to fight

PREGUNTAS

1. ¿Qué deberes tiene la República?
2. ¿Qué significa la tierra para los indios?
3. ¿Por qué se ha rebelado el indio?
4. ¿Cómo han terminado estas revueltas?
5. ¿Qué secreto guarda el silencio de la puna?
6. ¿Por qué se han debilitado las energías de la raza indígena?

En la *sierra*, la región habitada principalmente por los indios, *subsiste* el más bárbaro y *omnipotente* feudalismo. El dominio de la tierra *pone* en manos de los "*gamonales*" la *suerte* de la raza indígena, *caída* en un *grado* extremo de depresión y de ignorancia. Además de la agricultura, primitiva en sus *métodos*, la sierra peruana tiene otra *actividad* económica: la *minería*, *casi* totalmente en manos de dos grandes *empresas* Norte-americanas. En las minas se *paga salario*, pero la *paga* es ínfima, no hay *precauciones* para la vida del *obrero*, y se *hace burla* de la *ley* de accidentes de trabajo. El sistema del "*enganche*," que por medio de *anticipos* de salario *esclaviza* al obrero, *pone* a los indios a *merced* de estas empresas capitalistas. Es tanta la miseria a que los *condena* el feudalismo agrario, que los indios encuentran *preferible* la suerte que les *ofrecen* las minas.

VOCABULARIO

sierra, f.   mountain range, sierra
subsistir   to subsist
omnipotente   omnipotent
poner   to place, to put
gamonal, m.   boss; large land-holder
suerte, f.   fate, luck
caer (past part. **caída**)   to fail
grado, m.   degree, grade
método, m.   method
actividad, f.   activity
minería, f.   mining
casi   almost
empresa, f.   company, firm; enterprise
Norteamérica, f.   North America; United States
pagar   to pay
salario, m.   salary

paga, f.   pay
ínfima   lowest, extremely low or small
precaución, f.   precaution
obrero, m.   worker
hacer burla de   to make fun of
ley, f.   law
enganche, m.   (literally, "hooking"), a system of hiring workers by paying them a sum in advance which they then have to pay off by working
anticipo, m.   advance (as in "advance of salary")
escalvizar   to enslave
a merced de   at the mercy of
condenar   to condemn
preferible   preferable
ofrecer   to offer

PREGUNTAS

1. ¿Por qué prefieren los indios trabajar en las minas?
2. ¿Cómo esclaviza al obrero el sistema del "enganche"?
3. Describir la agricultura en la sierra peruana.
4. ¿Cómo son las condiciones de trabajo en las minas del Perú?
5. ¿De quiénes son las empresas de minería?

La *cuestión* indígena *se basa en* nuestra economía. Tiene sus *raíces* en el problema de la *propiedad* de la tierra. Cualquier *intento* de *resolverla* con *medidas* de administración o policía, con métodos de *enseñanza* o con *vías* de transporte y comunicación, *constituye* un trabajo superficial, *mientras* subsista el feudalismo de los "gamonales."

El *resurgimiento* del indio no vendrá de un *proceso* de "occidentalización" material de la tierra *quechua*. No es la civilización, no es el alfabeto del blanco, lo que *levanta* el alma del indio. Es el *mito*, es la idea de la revolución socialista. La *esperanza* indígena es absolutamente revolucionaria. El mismo mito, la misma idea, son agentes decisivos en el *despertar* de otros viejos *pueblos*, de otras viejas razas *en colapso*: hindúes, chinos, etc. La historia universal *tiende* hoy como nunca a *guiarse* por el mismo *cuadrante*. ¿Por qué ha de ser el pueblo incaico, que *construyó* el más *desarrollado* y *armónico* sistema comunista, el único *insensible* a la emoción *mundial*? La *semejanza* del movimiento indigenista con las *corrientes* revolucionarias mundiales es demasiado evidente para que *necesite* documentarla.

VOCABULARIO

cuestión, f.   problem; issue
basarse en   to be based upon
raíz (pl. **raíces**), f.   root
propiedad, f.   ownership; property
intento, m.   attempt
resolver   to resolve
medida, f.   method, means
enseñanza, f.   teaching
vía, f.   route, road, way
constituir   to constitute
mientras   while
resurgimiento, m.   resurgence
venir (3rd person sing. future **vendrá**)   to come
proceso, m.   process

occidentalización, f.   westernization
quechua   Quechuan (pertaining to the indigenous Peruvian culture, language, etc.)
levantar   to raise
mito, m.   myth
esperanza, f.   hope
despertar   to awaken
despertar, m.   awakening
pueblo, m.   a people
en colapso   in collapse
tender   to tend
guiarse   to guide oneself
cuadrante, m.   quadrant
construir   to construct, to build

desarrollado developed
armónico harmonious
insensible insensible
mundial world (adj.)

semejanza, f. similarity
corriente, f. current
necesitar to be necessary

PREGUNTAS

1. ¿Cuál es la raíz del "problema indio"?
2. ¿Cuáles son los métodos que se ha empleado para resolver ese "problema"?
3. ¿Cuál era el sistema socioeconómico de los Incas?
4. ¿Qué piensa el autor sobre la "occidentalización" de los indios?
5. ¿Por qué se relaciona el pueblo incaico a las corrientes revolucionarias del mundo?

CAMILO
TORRES

Camilo Torres nació en Bogotá en 1929, en una familia de la clase alta. En 1954 se ordenó sacerdote y fué a estudiar en la Universidad de Lovaina en Bélgica, en donde se graduó en Ciencias Sociales en 1958, regresando a Colombia. Desde 1959 a 1961 fué capellán de la Universidad Nacional y desde 1961 a 1965 fué profesor de Sociología en diversas Facultades de Bogotá. Camilo Torres vió claramente la absoluta necesidad de un radical cambio de las estructuras económicas y sociales en Colombia y en toda Latinoamérica, razón por la cual se enfrentó con las reaccionarias jerarquías de la iglesia, decidiéndose a abandonar el sacerdocio y su puesto de profesor en 1965. En ese mismo año fundó un movimiento político, el Frente Unido, que fracasó. Esto le hizo unirse a las guerrillas revolucionarias llamadas Ejército de Liberación Nacional. Un par de meses después de tomar esta decisión, Camilo Torres murió en un encuentro con las tropas del ejército en febrero de 1966. Torres se autodefinió a sí mismo como un revolucionario, y en esto coincide con el sentir de muchos curas jóvenes en todo el mundo. Es precisamente su cristianismo y su amor por los humillados y los explotados lo que le llevó a la convicción de que sólo con la toma del poder por el pueblo se acabaría con la situación de injusticia social en la América Latina.

Encrucijadas
de la iglesia
en América Latina
1965   *(fragmentos)*

Cuando *pasamos* en *avión* por nuestras *ciudades* las vemos llenas de *iglesias*. En cada *pueblo* vemos "los *padrecitos*" como los llaman la *gente sencilla*; "los curas," como se llaman en la ciudad. El *obispo, arzobispo* o *cardenal* es, sin *duda* alguna, una de las primeras *autoridades*.

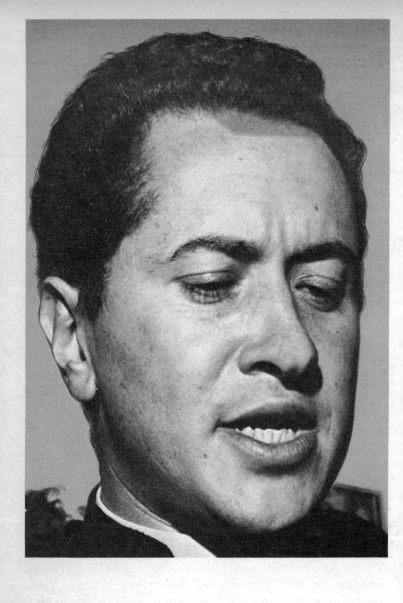

Camilo Torres

(World Wide Photos)

Sin embargo, repasando la historia vemos cosas curiosas. En casi todos los *países, durante* el *siglo* XIX o *a principios* del XX, ha habido confiscación de bienes de la Iglesia y legislación en contra de los intereses de la Institución. Para un cura es difícil *enseñar* en un colegio o en una Universidad del *Estado*. Creo que no hay país de América Latina donde no hayan *quemado* iglesias ni hayan *perseguido* a los curas. Cuando hablamos *íntimamente* con los católicos latinoamericanos, aún con los más *practicantes*, en su *mayoría* nos dicen que son *anticlericales*, que no les gustan los curas.

¿Qué pasa entonces, con la Iglesia Latinoamericana?

VOCABULARIO

encrucijada, f. crossroads
pasar to pass, to go through, over, by, etc.
avión, m. airplane
ciudad, f. city
iglesia, f. church
pueblo, m. town
padrecito, m. father, priest (plus affectionate suffix)
gente, f. people
sencillo simple
obispo, m. bishop
arzobispo, m. archbishop
cardenal, m. cardinal (eccl.)
duda, f. doubt
autoridad, f. authority
sin embargo nevertheless

repasar to review
país, m. country, nation
durante during
siglo, m. century
a principios at the beginning
confiscación, f. confiscation
bienes material goods
enseñar to teach
estado, m. state
quemar to burn
perseguir to persecute
íntimamente intimately
practicante active (in ritual matters)
mayoría, f. majority
anticlerical, m. anticlerical

PREGUNTAS

1. ¿De qué están llenas las ciudades y los pueblos latinoamericanos?
2. ¿Los gobiernos siempre han estado a favor de la Iglesia?

3. ¿Qué piensa la mayoría de los católicos de la Iglesia?
4. ¿Esa mayoría está en contra de la religión católica?

Se ha dicho que nuestros católicos son *fetichistas*. Puede ser *cierto*; lo que sí es *claro* es que en la enseñanza de la moral cristiana, con tantas *restricciones* sexuales, *en* lo que más se *insiste* es en la *observancia externa*. Como *herederos* del catolicismo español hacemos *énfasis* en lo externo. Es lo más fácil y más *masivo*.

La *evangelización* española se *hizo* en forma masiva. En la época de *contrarreforma* se *usaban* los *catecismos escolásticos*, llenos de fórmulas *incomprensibles*, que se hacían *aprender de memoria* a los indios para poder *cumplir* rápidamente con el *rito* del *bautismo* y quedar con la conciencia de ser un buen "apóstol de Cristo."

En el momento de la Independencia de España, América Latina había sido evangelizada *en extensión*, pero no en *profundidad*. Todavía hoy se pregunta a obreros de la ciudades: "¿Quién es la *Santísima Trinidad*?" y casi siempre responden con *firmeza*: "La Madre de Nuestro Señor Jesucristo."

Sin embargo los latinoamericanos nos amamos. No siempre en forma *racional*, ni constructiva. *Con todo* en nuestro pueblo hay amor, hay cooperación, hay *hospitalidad*, hay espíritu de servicio.

VOCABULARIO

fetichista fetishistic
cierto true; right
claro clear
restricción, f. restriction
insistir en to insist upon

observancia, f. observance; fulfillment
externo external
heredero, m. heir
énfasis, m. emphasis

masivo   massive
evangelización, f.   evange-
   lization
hacer (3rd person sing. **hizo**)
   to do, to make
época, f.   epoch
contrarreforma, f.   counter-
   reformation
usar   to use
catecismo, m.   catechism
escolástico   scholastic
incomprehensible   incomprehensible
aprender de memoria   to
   memorize

cumplir   to fulfill; to perform
rito, m.   rite
bautismo, m.   baptism
en extensión   widely
profundidad, f.   depth
Santísima Trinidad, f.   Holy
   Trinity
firmeza, f.   firmness
racional   rational
con todo   nevertheless; in
   sum
hospitalidad, f.   hospitality

PREGUNTAS

1. ¿Cómo era la evangelización española?
2. ¿Cómo afectó a las prácticas religiosas de hoy?
3. ¿Son fetichistas los latinoamericanos?
4. ¿Qué hay en el pueblo latinoamericano?
5. ¿Qué quiere decir Torres cuando dice que los latinoamericanos no siempre se aman en forma racional ni constructiva?

"El que ama, cumple con la Ley," dice San Pablo; "Ama y
haz lo que quieras," dice San Agustín. La indicación más *segura*
de Predestinación es el amor al *vecino.*

Sin embargo ese amor al vecino tiene que ser *eficaz.* No
seremos *juzgados* por nuestras buenas *intenciones* solamente,
sino principalmente por nuestras *acciones* en favor de Cristo
representado en cada uno de nuestros vecinos: "Tuve hambre
y no me diste de comer, tuve sed y no me diste de beber."

En las circunstancias *actuales* de América Latina, nosotros vemos que no se puede dar de comer, ni vestir, ni *alojar* a las mayorías. Los que tienen el poder son esa *minoría* económica que domina al poder político, al poder cultural, al militar y, desgraciadamente también, al poder *eclesiástico* en los países en que la Iglesia tiene *bienes temporales*.

Esa minoría no *producirá* decisiones en contra de sus *intereses*. Por eso las decisiones del gobierno no se hacen en favor de las mayorías.

Las mayorías, entonces, *deben tomar* el poder, para que *realicen* las reformas *estructurales* económicas, sociales y políticas en favor de esas mismas mayorías. Esto se llama revolución y si esto es necesario para realizar el amor al vecino, para un cristiano es necesario ser revolucionario.

En la medida en que la *comunidad* se ama, el cura *ofrece* más auténticamente el sacrificio *eucarístico*. Este no es un ofrecimiento individual sino colectivo. Si no hay amor entre los que ofrecen, no debe haber ofrecimiento a Dios.

De ahí que si los *laicos* no *se comprometen* en la lucha por el *bienestar* de sus hermanos, el *sacerdocio* tiende a volverse ritual, individual, superficial. El cura tiene la obligación de *suplir* a los laicos en sus compromisos temporales, si esto se lo *exige* el amor el vecino.

VOCABULARIO

haz (sing. fam. imperat. of **hacer**)
seguro certain
vecino, m. neighbor
eficaz effective
juzgar to judge
intención, f. intention
acción, f. action
representado en represented by
actual present, contemporary
alojar to house

minoría, f. minority
eclesiástico ecclesiastic
bienes temporales worldly goods
producir to produce
interés, m. interest
deber to have to
tomar to take, to seize
realizar to accomplish; to fulfill
estructural structural
en la medida to the extent

comunidad, f. community
ofrecer to offer
eucarístico Eucharistic
laico, m. lay person
comprometerse to compro-
  mise oneself

bienestar, m. well-being
sacerdocio, m. priesthood
suplir to supplement; to
  make up for
exigir to demand

PREGUNTAS

1. ¿Cómo se relaciona el amor al catolicismo?
2. ¿Cómo vamos a ser juzgados?
3. En las circunstancias actuales, ¿qué tiene que hacer el ver-
    dadero cristiano?
4. ¿Cuál es el sentido verdadero de la Comunión cristiana?
5. ¿De qué manera es el cristianismo una religión comunista?

LA
REVOLUCIÓN
MEXICANA

Cuando los españoles llegaron al continente americano se encontraron con dos civilizaciones florecientes: la azteca en México y la inca en Perú. Por ello y por la presencia de oro y plata en ambos países, escogieron a México como la capital y centro de la parte norte del Imperio español en América y a Lima como la capital y centro de la parte sur. Durante el siglo XVI los españoles fueron los únicos europeos en control de toda América, de norte a sur, siendo la ciudad de México y el antiguo territorio azteca la parte más desarrollada del hemisferio. La agricultura y la minería, que por cierto ayudó a financiar las guerras imperialistas de la dinastía española y proporcionó las bases del incipiente capitalismo europeo, constituyeron las bases de la economía mexicana que, a pesar de todo, se mantuvo próspera hasta los comienzos del siglo XIX. La sociedad mexicana era esencialmente estratificada, con los españoles como capa superior, seguidos de los criollos o españoles nacidos en América a continuación, mientras que los mestizos y los indios que eran la inmensa mayoría constituían la enorme masa trabajadora despreciada y humillada.

La independencia de España en 1821, a pesar de su ideología democrática, no cambió las cosas porque la clase dirigente criolla no tenía ningún interés en un cambio radical en la economía o la sociedad. Este criterio aristocrático y autoritario —triste herencia española— y el trauma socioeconómico que supuso la independencia, son los que explican la pérdida de más de la mitad del territorio mexicano, desde Texas a California, que fué anexionado por los Estados Unidos en 1848. Los primeros cincuenta años de independencia estuvieron llenos de luchas intestinas entre conservadores y progresistas liberales, a lo que hay que añadir la agresión imperialista de los Estados Unidos y otra intervención armada francesa, que al fin fué derrotada por los mexicanos, bajo la dirección de Benito Juárez, un indio de pura raza. Pero después de Juárez, el primer gran gobernante mexicano, ocupó el poder Porfirio Díaz estableciendo una dictadura que duró de 1876 a 1910. Durante esta época las finanzas se restablecieron y México comenzó su industrialización y un indudable progreso económico, que sólo beneficiaba a las compañías extranjeras—británicas y americanas—y a la clase dirigente criolla de origen europeo, sobre

todo español. Esto causó la llamada Revolución mexicana que
duró de 1910 a 1917, que derrocó a Díaz, produjo un millón
de muertos en una población de 15 millones y asoló al país.
Los vencedores de la Revolución mexicana fueron elementos
blancos y mestizos de la emergente clase media, que querían
y obtuvieron parte de la prosperidad disfrutada por la oligarquía criolla a la que se unieron. Por lo demás las únicas
medidas revolucionarias adoptadas fueron la destrucción del
sistema de grandes haciendas, un reparto de tierras imperfecto
y muy desigual y la nacionalización de las compañías petro-
líferas extranjeras, hecha en 1937 por el presidente Lázaro
Cárdenas, único dirigente genuinamente revolucionario. Sólo
en el terreno cultural la Revolución mexicana, con su legítimo
orgullo en el pasado indio y su énfasis en el mestizaje, ale-
jándose de la anterior imitación servil de todo lo europeo, ha
conseguido algo de gran valor. Por lo demás el P.R.I. (Partido
Revolucionario Institucional), en existencia desde 1929, con-
trola el país políticamente de una forma monolítica. Indudable-
mente, México ha progresado y continúa progresando enormemente tanto industrial como económicamente, pero a costa
de una creciente dependencia de los Estados Unidos. Las
inversiones americanas son hoy cuatro veces mayores que en
tiempos de Porfirio Díaz y México depende del turismo
americano y del envío de trabajadores agrícolas temporeros,
que por otra parte son explotados y discriminados, a EE.UU.,
para continuar su crecimiento económico. Por otra parte
quienes disfrutan del presente progreso económico son la
clase alta y la clase media de las ciudades. La población rural,
mayoritariamente india y analfabeta, apenas si se encuentra
mejor que en 1910, existiendo un abismo entre el mexicano
del campo y el de la ciudad. La Revolución mexicana, que no
fué tal revolución, es una expresión paradójica y llena de retórica oficial, que espera todavía a convertirse en una realidad.

MARIANO AZUELA

Mariano Azuela nació en el estado de Jalisco en 1873. Estudió Medicina en la Universidad de Guadalajara, en donde se graduó en 1899, empezando ese mismo año a practicar su profesión en su ciudad natal, Lagos de Moreno. Desde sus días de estudiante comenzó a escribir y durante toda su vida, alternó su tarea como novelista con su profesión de médico. Durante la Revolución mexicana, fué un decidido partidario del presidente Madero y al ser asesinado éste se unió como médico a una de las bandas armadas de Pancho Villa. Esta experiencia le sirvió de base para la publicación de Los de abajo en 1915, que apareció por primera vez en El Paso, Texas, donde Azuela estaba refugiado. En 1916 regresó a México, instalándose en la capital, en donde residió hasta su muerte en 1952. Los de abajo es quizás la novela más conocida sobre la Revolución mexicana y en ella Azuela nos muestra de un modo profético que las sangrientas contiendas que asolaron a México sólo favorecieron a una minoría y no aliviaron casi la miseria y los sufrimientos del pueblo.

Los
de
abajo

1916 *(fragmentos)*

[Habla Demetrio Macías, revolucionario, con Luis Cervantes, periodista] "Usted sabe de lo que pasó en México, donde mataron al señor Madero y a otro, a un Félix o Felipe Díaz ¡qué sé yo!. . . Bueno: pues don Mónico [un caudillo local] fue en persona a Zacatecas a *traer soldados* para *agarrarme.* Dijo que yo era *maderista* y que iba a hacerme revolucionario. Pero como tengo amigos, me *avisaron a tiempo,* y cuando los soldados *federales* vinieron a Limón, yo ya me había *huido.* Después vino mi compadre Anastasio, que mató a un hombre, y luego Pancracio, la Codorniz y muchos amigos. Después se nos han ido *juntando* más, y ya ve: hacemos la *lucha* como podermos."

—Mi jefe —dijo Luis Cervantes—, usted sabe ya que *cerca de* aquí tenemos *gente* de Natera [un general revolucionario]; *debemos* juntarnos con ellos antes de que tomen Zacatecas. Nos presentamos al general . . .

—No me gusta que nadie me *mande.*

—Pero usted, solo con unos pocos hombres, no será sino un *líder* sin importancia. La revolución va a *ganar;* cuando *se acaba* le dicen, como dijo Madero a los que le *ayudaron:* "Amigos, muchas gracias; ahora vuélvanse a sus casas . . ."

—No quiero yo otra cosa, sino que me dejen en paz para volver a mi casa.

—No he terminado: "Ustedes, que me hicieron Presidente de la República, *arriesgando* su vida, con *peligro* de dejar *viudas* y *huérfanos* en la miseria, ahora váyanse a *coger* el azadón y la *pala,* a *medio vivir,* siempre con hambre y sin vestir, como estaban antes, mientras que nosotros, *los de arriba,* hacemos millones de pesos."

Demetrio *meneó* la cabeza y sonrió.

—¡Luisito ha dicho una verdad clarísima! —exclamó con entusiasmo Venancio.

VOCABULARIO

los de abajo the underdogs
periodista, m. journalist
¡qué sé yo! What do I know?
traer to bring
soldado, m. soldier
agarrar to grab, to take, to seize
maderista a follower of Madero
avisar to warn
a tiempo in time
federal federal
huir to flee
juntar to join

lucha, f. fight, battle
cerca de near
gente, f. people
deber (plus inf.) should, ought to
mandar to command, to give orders
líder, m. leader
ganar to win
acabarse to be over, to come to an end
ayudar to help, to aid

arriesgar to risk
peligro, m. danger
viuda, f. widow
huérfano, m. orphan
coger to take hold of, to grasp

azadón, m. hoe
pala, f. shovel
a medio vivir to half live
los de arriba the ones on top
menear to nod

PREGUNTAS

1. ¿Qué dicen los presidentes a sus soldados?
2. ¿Qué es lo que quiere Demetrio Macías?
3. ¿Por qué se ha hecho revolucionario Demetrio Macías?
4. ¿Por qué no quiere juntarse con el General Natera?

—Mi *jefe* —continuó Cervantes—, usted no *comprende* to-davía su verdadera, su *alta* y *nobilísima misión.* Usted, hombre modesto y sin *ambiciones,* no quiere ver el importantísimo *papel* que tiene en esta revolución. Es una mentira que usted está solamente *en contra de* don Mónico, el *cacique;* usted *se ha levantado* contra el caciquismo que *asola* toda la nación. Somos elementos de un gran movimiento social que tiene que terminar por el *engrandecimiento* de nuestra *patria.* Somos instrumentos del *destino* para la reivindicación de los *sagrados derechos* del pueblo. No luchamos por *derrocar* a un *asesino* miserable, sino contra la tiranía misma. Eso es lo que se llama luchar por principios, tener ideales. Por ellos luchan Villa, Natera, Carranza; por ellos estamos luchando nosotros.

—Sí, sí; exactamente lo que yo he pensado —dijo Venacio entusiasmadísimo.

—Pancracio, danos otras dos *cervezas* . . .

VOCABULARIO

jefe, m. leader, chief
comprender to understar.d
alto high

noble noble
misión, f. mission
ambición, f. ambition

papel, m. role
mentira, f. lie
en contra de to be against
cacique, m. boss, caudillo
levantarse to rise up
asolar to burn; to destroy
engrandecimiento, m. glory;
  betterment

patria, f. nation, fatherland
destino, m. destiny
sagrado sacred
derecho, m. right
derrocar to overthrow
asesino, m. murderer
tiranía, f. tyranny
cerveza, f. beer

PREGUNTAS

1. ¿Cuál es la alta misión de Demetrio?
2. ¿Demetrio está en contra de qué?
3. ¿De qué forman parte estos hombres?
4. ¿Por qué no comprende Demetrio su papel?
5. ¿Tiene Luis Cervantes mucha experiencia política?

. . . .

Entraron a las *calles* de Juchipila cuando las *campanas* de la iglesia *repicaban alegres*, y con ese *timbre peculiar* que hacía *palpitar* de emoción a toda la gente de los *cañones.*

—*Se me parece compadre*, que estamos allá en aquellos tiempos cuando *apenas* iba *comenzando* la revolución, cuando llegábamos a un pueblito y nos repicaban mucho las campanas, y salía la gente a encontrarnos con *músicas*, con *banderas*, y nos *gritaban* muchos *vivas* y hasta *hubo cohetes* —dijo Anastasio Montañés.

—Ahora ya no nos quieren —contestó Demetrio.

—¡Sí, como vamos ya de "bandidos"! —observó la Codorniz.

—No es por eso . . . A los otros *tampoco les gustan nada.*

—Pero ¿por qué nos han de *querer*, compadre?

Y no dijeron más.

. . . .

—¿Por qué luchan ya, Demetrio?

Demetrio, las *cejas* muy juntas, toma una *piedrecita* y la

arroja al *fondo* del cañón. *Se mantiene pensativo* viendo el *desfiladero*, y dice:
—Mira esa piedra cómo ya no se *para* . . .

VOCABULARIO

calle, f. street
campana, f. bell
repicar to ring
alegre happy
timbre, m. timbre; resonance; ring
palpitar to palpitate
cañón, m. canyon
se me parece it seems to me
apenas scarcely
comenzar to begin
músicas, f. music; musicians
bandera, f. flag
gritar to yell, to scream
vivas (from ¡**Viva** . . .!) Long live . . .!

hubo (pret. of **hay**) there were
cohetes, m. fireworks
tampoco les gustan nada they don't like them a bit either
querer to like; to love
ceja, f. eyebrow
piedrecita, f. little stone
arrojar to throw
fondo, m. bottom
mantenerse to stay; to maintain oneself
pensativo thoughtful
desfiladero, m. defile, pass
parar to stop

PREGUNTAS

1. ¿Cómo se ha cambiado la revolución? ¿Por qué?
2. ¿Qué piensa la gente de los lados de la revolución?
3. ¿Por qué sigue luchando Demetrio?
4. ¿Qué piensa Azuela de la Revolución mexicana?

AGUSTÍN YÁÑEZ

Agustín Yáñez nació en 1904 en Guadalajara, capital del estado de Jalisco. En 1929 se graduó en Derecho, doctorándose posteriormente en Filosofía en la Universidad de México, en donde llegó a ser profesor de Literatura. Es uno de los más conocidos novelistas mexicanos del momento, destacándose por la calidad poética de su prosa. Como miembro importante del partido dominante en México, el PRI, en 1953 fué elegido gobernador de su estado natal, Jalisco, cargo que desempeñó por un cierto tiempo. La adscripción de Yáñez al partido oficial mexicano, hace que inevitablemente al referirse a la Revolución de México su prosa se tiña de la retórica habitual, pero por lo demás sus argumentos son perfectamente válidos.

La revolución y el arte
1964 *(fragmentos)*

El arte no es *deshumanización*. El arte no puede *fundarse* sino en la realidad; y su naturaleza es *poseer contenido* social y estar al servicio de ideales o necesidades, que han formado parte de la experiencia personal del escritor y de su comunidad. En el principio de toda *obra* de arte hay una experiencia humana, que el artista *re-presenta*, re-vive, re-crea, más o menos *transformada*; pero en la *transformación* de esa experiencia, da mayor y más pura fuerza al *impulso* humano que la *origina*.

Esta es la responsabilidad del artista: forma y orienta el espíritu nacional y lo *eleva* a *planos* de universalidad. Los grandes *períodos* históricos de los pueblos son *precedidos* o *coinciden* con la *aparición* de sus grandes obras de arte, *índices* de *madurez* nacional. No puede hablarse de nacionalidad, es decir, de *conciencia* colectiva *en marcha*, si no hay el *testimonio* del arte, que da forma a esa conciencia.

La contribución del artista no *implica* que tiene que *tratar* deliberadamente algún *tema* o hacer propaganda. Nada más peligroso y distante a la naturaleza del arte que las *tesis sobrepuestas* al impulso *estético*. No es así como el arte cumple su *función* y se *enriquece* de contenidos. La libertad del artista es la condición primaria del arte. Y en esto *está de acuerdo* absolutamente con la Revolución, *cuya* más alta bandera es la libertad. Lo que México pide a sus artistas es que *respiren* con *sinceridad* y profundamente los aires de la patria, que se *hundan* en sus problemas; todo lo demás vendrá *por sí solo*. Otra cosa sería engaño o *pintoresquismo* superficial; *en resumen*: arte *débil,* arte fácil, o el "arte por el arte" que no puede *comunicarse* con el corazón del hombre y allí *perdurar*.

VOCABULARIO

deshumanización, f. dehumanization

fundarse en to found oneself upon

poseer to possess

contenido, m. content

obra, f. work

re-presenta (representar) to represent

transformado transformed

transformación, f. transformation

impulso, m. impulse

originar to originate

elevar to elevate

plano, m. plane, level

período, m. period

preceder to precede

coincidir to coincide

aparición, f. apparition

índice, m. index; indication, sign

madurez, f. maturity

conciencia, f. conscience

en marcha in motion; moving forward

testimonio, m. testimony

implicar to imply

tratar to treat

tema, m. theme

tesis, f. thesis

sobreponer to superimpose

estético esthetic

función, f. function

enriquecer to enrich

estar de acuerdo con to be in agreement with

cuya, cuyo whose

respirar to breathe

sinceridad, f. sincerity

hundir to sink, to immerse

por sí solo by itself; as a matter of course

engaño, m. fraud, deceit

pintoresquismo, m. picturesqueness

en resumen to sum up

débil weak

comunicar to communicate

perdurar to endure; to last a long time

PREGUNTAS

1. ¿Qué es el "arte por el arte"?
2. ¿Cuál es la función del arte en la sociedad?
3. ¿Qué quiere decir "deshumanización" en el arte?
4. ¿Estas ideas se pueden aplicar a las ciencias? ¿Cómo?
5. Describir el concepto de libertad artística que tiene Yáñez.

OCTAVIO PAZ

Octavio Paz nació en México en 1914, en una familia acomodada. Su vida casi coincide con la de la Revolución mexicana que comenzó en 1910. Durante la guerra civil española de 1936 a 1939, tomó partido por la República como muchos intelectuales de todo el mundo y especialmente de México, que bajo la presidencia de Cárdenas, apoyó incondicionalmente a los demócratas republicanos. Octavio Paz se doctoró en Derecho en la Universidad de México y como diplomático ha viajado por todo el mundo, habiendo representado a su país en Francia, Suiza, el Japón y la India. En 1969, dejó su cargo de embajador en la India, como protesta por la matanza de más de varios centenares de estudiantes en México por fuerzas del ejército. Paz es probablemente el autor más conocido en el extranjero entre los poetas mexicanos y su producción, influída por el surrealismo y el pensamiento oriental, es de alta calidad. Además de poeta, es un agudo crítico y ensayista, como ha demostrado en sus libros *El laberinto de la soledad* y *Corriente alterna*. En estas obras, Paz trata de analizar la historia y el caracter nacional mexicanos desde una perspectiva esencialmente metafísica y subjetiva, por lo cual sus juicios son de gran valor para la interpretación de la cultura mexicana contemporánea.

El laberinto de la soledad
1950   *(fragmentos)*

La Revolución es una *inmersión* de México en su *propio ser*. De su fondo *extrae, casi a ciegas*, los fundamentos del nuevo Estado. *Vuelta* a la tradición, la Revolución es una *búsqueda* de nosotros mismos y una vuelta a la madre. Y, por eso, también es una fiesta: la fiesta de las *balas*, para usar la expresión de Martín Luis Guzmán. Como las fiestas populares, la Revo-

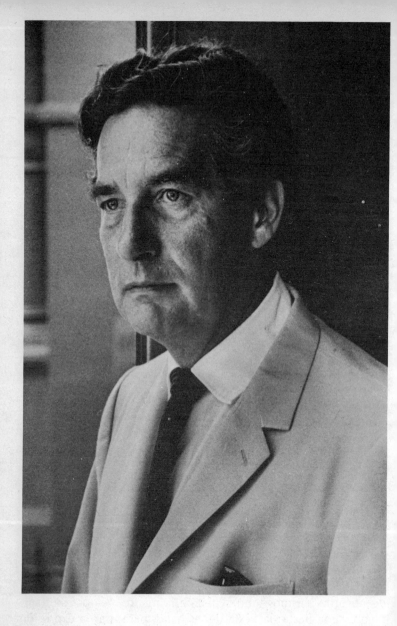

Octavio Paz

(Courtesy of Grove Press)

lución es un *exceso*, un llegar a los *extremos*, una explosión de alegría y *desamparo*, un grito de *orfandad* y de *júbilo*, de suicidio y de vida, todo *mezclado*. Nuestra Revolución es la otra *cara* de México, *ignorada* por la *Reforma* y *humillada* por la *Dictadura*. No la cara de la cortesía, el *disimulo*, la *formalidad lograda* por mutilaciones y mentiras, sino la cara brutal y *resplandeciente* de la fiesta y la muerte, del *mitote* y el *balazo*, de la *feria* y el amor, que es *rapto* y *tiroteo*. La Revolución apenas tiene ideas. Es una explosión de la *realidad*: una *revuelta* y una comunión, un *volcar* de viejas *sustancias dormidas*, un salir al aire de muchas *ferocidades*, muchas *ternuras* y muchas *finuras ocultas* por el *miedo* a ser. ¿Y con quién *comulga* México en esta sangrienta fiesta? Consigo mismo, con su propio ser. México se *atreve* a ser. La explosión revolucionaria es una gran fiesta en la que el mexicano, *borracho* de sí mismo, conoce al fin, en *abrazo mortal*, al otro mexicano.

VOCABULARIO

inmersión, f. immersion
propio own
ser, m. being
extraer to extract
casi almost
a ciegas blindly
vuelta,.f. (past part. of **volver**) return, returned
búsqueda, f. search
bala, f. bullet
exceso, m. excess
extremo, m. extreme
desamparo, m. abandonment; helplessness
orfandad, f. orphanhood
júbilo, m. joy
mezclado mixed
cara, f. face
ignorada ignored; not known

Reforma, f. the Reform period in Mexican history (ca. 1853–67)
Dictadura, f. the dictatorship of Porfirio Díaz (1877–1911)
disimulo, m. dissimulation
formalidad, f. formality, formalness
lograr to achieve
resplandeciente resplendent, brilliant
mitote, m. dance; festival
balazo, m. gunshot
feria, f. fair
rapto, m. abduction; rape
tiroteo, m. shooting
realidad, f. reality
revuelta, f. revolt
comunión, f. communion

volcar, m.　spilling (verb, **volcar:** to spill)
sustancia, f.　substance
dormido　sleeping, asleep
ferocidad, f.　ferocity
ternura, f.　tenderness
finura, f.　fineness
oculto　hidden

miedo, m.　fear
comulgar　to take communion
atrever　to dare
borracho　drunk
abrazo, m.　hug, embrace
mortal　mortal; deathly
descubierto　discovered

PREGUNTAS

1. ¿Qué significa la Revolución mexicana para Paz?
2. ¿Cómo se relaciona la revolución al pasado de México?
3. ¿Cuál es esa "otra cara" de México, *descubierta* por la revolución?
4. Según Paz, ¿la revolución fue un movimiento estrictamente social?
5. ¿Qué quiere decir cuando llama la revolución una "revuelta" y una "comunión"? ¿Hay una contradicción aquí?

　　La situación de los latinoamericanos es la situación de la mayoría de los pueblos de la *periferia.* Por la primera vez en más de trescientos años, hemos dejado de ser materia *inerte* sobre la que se *ejerce* la *voluntad* de los *poderosos.* Éramos objetos; empezamos a ser agentes de los *cambios* históricos y nuestros actos y nuestras *omisiones afectan* la vida de los grandes *poderes.* La *imagen* del mundo *actual* como una lucha entre dos *gigantes* (el resto está formado de amigos, *ayudantes, criados y partidarios por fatalidad*) es muy superficial. El *trasfondo*—y, en verdad, la sustancia misma—de la historia contemporánea es la *oleada* revolucionaria de los pueblos de la periferia. Para *Moscú,* Tito es una realidad *desagradable* pero es una realidad. Lo mismo puede decirse de Nasser o Nehru para los *occidentales.* ¿Un *tercer frente,* un nuevo club de naciones, el club de los pobres? Quizá es demasiado pronto. O, *tal vez*, demasiado tarde: la historia va muy *de prisa* y el *ritmo* de expansión de los poderosos es más rápido que el de nuestro *crecimiento*. Pero antes de que la *congelación* de la vida histórica—pues eso quiere decir el "*empate*" entre los grandes—se *convierta* en petrificación, hay posibilidades de acción *concertada* e inteligente.

VOCABULARIO

periferia, f. periphery
inerte inert
ejercer to exercise
voluntad, f. will
poderoso powerful
cambio, m. change
omisión, f. omission; neglect
afectar to affect
poder, m. power
imagen, f. image
actual present-day, contemporary
gigante, m. giant
criado, m. servant
partidario, m. partisan
por fatalidad by fate; necessarily
trasfondo, m. background
oleada, f. wave

Moscú Moscow
desagradable disagreeable
occidental western
tercer third
frente front
quizá perhaps, maybe
tal vez perhaps, maybe
de prisa rapidly
ritmo, m. rhythm
crecimiento, m. growth
congelación, f. freezing, congealing
empate, m. tie; draw
convertir to convert
petrificación, f. petrification, fossilization
concertar to harmonize; to arrange

PREGUNTAS

1. ¿Qué tiene en común la América Latina con otros pueblos de la periferia?
2. ¿Cuál es la sustancia de la historia contemporánea?
3. ¿Qué tienen que hacer los pueblos del tercer mundo?

4. ¿Cómo están cambiando los pueblos latinoamericanos en relación a los grandes poderes?
5. ¿Qué ve el autor para el futuro de los pueblos de la periferia?

En México, nuestro problema no es diferente del problema que tienen otros hombres y otros pueblos: ¿cómo *crear* una sociedad, una cultura, que no *niegue* nuestra *humanidad* pero tampoco la convierta en una *vana* abstracción? Todo nuestro *malestar*, la violencia *contradictoria* de nuestras *reacciones*, las explosiones de nuestra *intimidad* y las *bruscas* explosiones de nuestra historia, *tienden a resolverse* en búsqueda y *tentativa* por crear un mundo en donde no *haya* ya la mentira, la mala *fe*, el *disimulo*, la *avidez* sin *escrúpulos*, la violencia y la *simulación*. Una sociedad, también, que no *haga* del hombre un instrumento de la Ciudad. Una sociedad humana.

VOCABULARIO

crear to create
negar to deny
humanidad, f. humanity
vano vain
malestar, m. uneasiness
contradictorio contradictory
reacción, f. reaction
intimidad, f. intimacy
brusco brusque, sudden
tender a to tend to
resolverse to resolve itself

tentativa, f. attempt
haya (subj. of **hay**) there is, there are
fe, f. faith
disimulo, m. dissimulation
avidez, f. avidity, greed
escrúpulo, m. scruple
simulación, f. simulation
haga (3rd pers. sing. subj. of **hacer**) make

PREGUNTAS

1. ¿Cuál es la pregunta que nos hacemos todos los hombres?
2. ¿Cuál ha sido la resolución general de la historia mexicana?
3. ¿Cómo sería el mundo ideal para Paz?

4. ¿Qué quiere decir el autor cuando habla de la "Ciudad"?
5. ¿Cree Paz en la posibilidad de un progreso, de un mejora-
    miento en la historia?

El mexicano *se oculta* bajo muchas *máscaras*, que luego
arroja un día de fiesta o de *duelo*, del mismo modo que la
nación ha *desgarrado* todas las formas que la *asfixiaban*. Pero
no hemos *encontrado* aún esa forma que *reconcilie* nuestra
libertad con el *orden*, la palabra con el acto y los dos con una
realidad que ya no será *sobrenatural*, sino humana: la de
nuestros *semejantes*. Es esa búsqueda hemos vuelto *atrás* una
y otra vez, para luego *avanzar* con más decisión *hacia adelante*.
Y ahora, de pronto, hemos llegado al *límite*: en pocos años
hemos *agotado* todas las formas históricas y políticas que
poseía Europa. No nos queda sino la *desnudez* o la mentira.
Pues tras este *derrumbe* general de la *Razón* y la Fe, de Dios
y la Utopía, no se levantan ya nuevos o viejos sistemas intelectuales, capaces de *contener* nuestra *angustia* y *tranquilizar*
nuestro *desconcierto; frente* a nosotros no hay nada. Estamos
al fin solos. Como todos los hombres. Como ellos, vivimos el
mundo de la violencia, de la simulación y del "ninguneo"; el
de la *soledad cerrada*, que si nos *defiende* nos *oprime* y que
al ocultarnos nos *desfigura* y *mutila*. Si arrojamos esas máscaras,
si nos *abrimos*, si, en fin, *nos afrontamos, empezaremos* a vivir
y pensar de verdad. Nos esperan una desnudez y un desamparo. Allí, en la soledad *abierta*, nos espera también la *trascendencia*: las manos de otros *solitarios*. Somos, por primera
vez en nuestra historia, contemporáneos de todos los hombres.

VOCABULARIO

ocultarse to hide oneself
máscara, f. mask
arrojar to throw; to throw off
duelo, m. mourning

desgarrar to tear, to rip
asfixiar to asphyxiate, to suffo-
    cate
encontrar to find

reconciliar to reconcile
libertad, f. liberty
orden, m. order
sobrenatural supernatural
semejantes, m. fellowmen
atrás back, backward
avanzar to advance
hacia adelante onward, forward
límite, m. end, limit
agotar to exhaust
poseer to possess
desnudez, f. nakedness, nudity
derrumbe, m. collapse
razón, f. reason
contener to contain
angustia, f. anguish
tranquilizar to tranquilize; to quiet
desconcierto, m. confusion; disconcertedness

frente a before, in front of
ninguneo, m. the denial of a person's self or existence
soledad, f. loneliness; solitude
cerrada closed
defender to defend
oprimir to oppress
desfigurar to disfigure
mutilar to mutilate
abrir to open
afrontarse to confront oneself
empezar to begin
abierto (past part. of **abrir**) open, opened
trascendencia, f. transcendence
solitario, m. solitary one; lonely one

PREGUNTAS

1. ¿Cómo se oculta el mexicano?
2. ¿Cómo se asemejan el mexicano y su nación?
3. Después de la revolución, ¿con qué se ha encontrado México?
4. ¿Qué tienen que hacer los mexicanos para encontrar la trascendencia?
5. ¿Qué quiere decir "trascendencia" aquí?
6. ¿Cuáles son las "formas" europeas que los mexicanos han agotado?

Las diferencias entre el *revoltoso*, el *rebelde* y el revolucionario son muy grandes. El primero es un espíritu insatisfecho e *intrigante*, que crea la confusión; el segundo es aquel que se levanta contra la autoridad, el *desobediente*; el revolucionario es el que *procura* el cambio violento de las instituciones. *A pesar de* estas diferencias, hay una relación íntima entre las tres palabras. La relación es *jerárquica: revuelta* vive en el *subsuelo* del *idioma; rebelión* es individualista; revolución es palabra intelectual y *se refiere*, más que a las acciones dè un héroe rebelde, a los movimientos de los pueblos y a las leyes de la historia. Rebelión es palabra militar: viene de "bellum" e *implica* la imagen de la guerra civil. Las minorías son rebeldes; las mayorías, revolucionarias. Aunque las palabras revolución y revuelta vienen de "volvere" (*rodar, desenrollar*) y aunque ambas quieren decir *regreso*, la primera es de tipo filosófico y astronómico: vuelta de las estrellas y planetas a su *punto de partida*, movimiento de *rotación en torno* a un *eje*, círculo de las *estaciones* y las *eras* históricas. En revolución las ideas de regreso y movimiento se juntan en la de *orden*; en revuelta esas mismas ideas implican desorden. Así, revuelta no implica ninguna visión *cosmogónica* o histórica: es el presente *caótico* o *tumultuoso*. Para que la revuelta *cese* de ser *alboroto* y *ascienda* a la historia debe *transformarse* en revolución. Lo mismo pasa con rebelión: los actos del rebelde, por más *osados* que sean, son actos *estériles* si no *se apoyan en* una doctrina revolucionaria. Desde *fines del siglo XVIII* la palabra más importante de las tres es revolución. *Ungida* por la luz de la idea, es filosofía en acción, crítica *convertida* en acto, violencia *lúcida*. Popular como la revuelta y generosa como la rebelión, las contiene y las *guía*. La revuelta es la violencia del pueblo; la rebelión, la *sublevación* solitaria o *minoritaria*; ambas son *espontáneas* y *ciegas*. La revolución es reflexión y espontaneidad: una ciencia y un arte.

51

VOCABULARIO

corriente, f. current (as in a river current)
alterno alternate
revoltoso, m. rebellious
rebelde, m. rebel
intrigante scheming
desobediente, m. disobedient
procurar to strive for
a pesar de in spite of
jeráquico hierarchical
revuelta, f. revolt
subsuelo, m. subsoil
idioma, m. language
rebelión, f. rebellion
referirse to refer to
implicar to imply
rodar to roll; to roll along
desenrollar to unroll, to unwind
regreso, m. return
punto de partida point of origin
rotación, f. rotation
en torno a around
eje, m. axis; axle
estación, f. season

era, f. era
cosmogónico cosmogonic
caótico chaotic
tumultuoso tumultuous
cesar to cease
alboroto, m. disturbance; agitation
ascender to ascend
transformarse to transform oneself
osado daring
estéril sterile
apoyarse en to depend upon; to be supported by
fines del siglo XVIII end of the 18th century
ungir to anoint
convertir to convert
lúcido lucid
guiar to guide
sublevación, f. uprising
minoritario minority; of the minority
espontáneo spontaneous
ciego blind

PREGUNTAS

1. Definir rebelión, revuelta, y revolución.
2. ¿Cómo clasificaría usted al hombre Che Guevara?
3. Dar ejemplos contemporáneos de los tres conceptos.
4. ¿Cuál de los tres conceptos es el más peligroso para los gobiernos establecidos?
5. ¿Usted se considera como más rebelde, más revoltoso, o más revolucionario?

Revolución es una palabra que contiene la idea del tiempo *cíclio* y, en consecuencia, la de regularidad y *repetición* de los cambios. Pero la *acepción* moderna de la palabra no se refiere a la vuelta *eterna*, el movimiento circular de los mundos y las estrellas, sino al cambio brusco y definitivo en la dirección de los *asuntos* públicos. Si ese cambio es definitivo, el tiempo cíclico se *rompe* y un nuevo tiempo *comienza, rectilíneo.* El nuevo *sentido destruye* al antiguo: el pasado no volverá y el *arquetipo* del *suceder* no es lo que fue sino lo que será. En su sentido original, revolución es una palabra que *afirma* la *primacía* del pasado: toda *novedad* es un regreso. La segunda acepción *postula* la primacía del futuro: el *campo* de gravitación de la palabra se *mueve* del ayer conocido al mañana *por conocer.* Es un *haz* de sentido nuevos: *preeminencia* del futuro, *creencia* en el progreso continuo y en la *perfectibilidad* de la especie, racionalismo, *descrédito* de la tradición y la autoridad, humanismo. Todas estas ideas se juntan en la del tiempo rectilíneo: la historia *concebida* como marcha. Es la *irrupción* del tiempo *profano.* El tiempo cristiano era *finito*: comenzaba en la *Caída* y terminaba en la *Eternidad*, el día antes del *Juicio Final.* El tiempo moderno, revolucionario o *reformista*, rectilíneo o en *espiral*, es infinito.

VOCABULARIO

cíclico cyclic
repetición, f. repetition
acepción, f. acceptance
eterno eternal
asunto, m. matter, issue
romper to break
comenzar to begin
rectilíneo rectilinear
sentido, m. meaning; sense
destruir to destroy
arquetipo, m. archetype

suceder, m. that which happens; that which follows (verb, **suceder:** to succeed, to happen, to follow)
afirmar to affirm
primacía, f. primacy
novedad, f. newness, novelty
postular to postulate
campo, m. field
mover to move
por conocer still to be known

haz, m. bunch, bundle
preeminencia, f. preeminence
creencia, f. belief
perfectibilidad, f. perfectibility
especie, f. species
descrédito, m. disbelief
concebir to conceive
irrupción, f. eruption

profano profane
finito finite
Caída, f. the Fall
eternidad, f. eternity
Juicio Final, m. the Last Judgment
reformista reformist
espiral, f. spiral

PREGUNTAS

1. ¿Qué quiere decir hoy la palabra "revolución" en relación a la historia?
2. ¿Cuál es el concepto del tiempo implicado por el nuevo concepto de revolución?
3. ¿Cómo se relaciona esta idea del tiempo con el Cristianismo?
4. Dar argumentos en favor del concepto del tiempo circular.
5. ¿Cuál es el concepto temporal más aceptado en los Estados Unidos?
6. ¿Cómo se relaciona este concepto con nuestra historia?

Un gobernante con *estilo* es algo raro en un mundo de *medianías*. Jruschov hablaba en *refranes*, como Sancho Panza; Eisenhower repetía con dificultad las fórmulas del *Reader's Digest*; Johnson se expresa en un dialecto *híbrido, mezcla* de la retórica popular del New Deal y de la brutalidad del sheriff texano; los otros cultivan la *jerga* impersonal y bastarda de los "expertos" de las Naciones Unidas. *Basta con* volver los ojos *hacia* el "tercer mundo" para *darse cuenta* del contraste: Mao Tse-tung o Nasser son algo más que gobernantes: son *jefes* y son símbolos. Sus nombres son *talismanes* que abren las puertas de la historia, *cifras* del destino de sus pueblos. En sus figuras se junta el *antiguo prestigio* del héroe al prestigio más moderno del revolucionario. Son el poder y la filosofía, Aris-

tóteles y Alejandro en un solo hombre. Para encontrar algo
semejante en las naciones "*desarrolladas*" habría que *acudir a*
los verdaderos héroes populares: los cantantes, las *bailarinas*,
las actrices, los exploradores del *espacio*.

VOCABULARIO

estilo, m. style
medianía, f. mediocrity
refrán, m. proverb, saying
híbrido hybrid
mezcla, f. mixture
jerga, f. jargon
basta con it is enough (to)
hacia toward
darse cuenta to realize
jefe, m. leader, chief

talismán, m. talisman
cifra, f. figure, cipher
antiguo ancient
prestigio, m. prestige
semejante similar
desarollado developed
acudir a to come to, to turn to
bailarina, f. dancer
espacio, m. space

PREGUNTAS

1. ¿Cómo hablan los líderes del mundo "desarrollado"?
2. ¿Qué pensaría Paz de Richard Nixon?
3. ¿Cuál es la función social y cultural de los líderes del tercer
    mundo?
4. Dar ejemplos de verdaderos héroes populares en los Estados
    Unidos.

El *ocaso* de los caudillos y el ocaso de los revolucionarios
con programas geométricos podría ser al *anuncio* de un *renacimiento* de los movimientos *libertarios* y anarquistas. No lo
es: somos *testigos* de la decadencia de los sistemas y del
crepúsculo de los tiranos, no de la aparición de un nuevo
pensamiento crítico. Hay muchos *inconformes* y *rebeldes*, pero
esa rebelión, tal vez por una instintiva y *legítima desconfianza*
hacia las ideas, es sentimental y pasional; no es un *juicio* sobre

la sociedad sino una negación; no es una acción continua sino una explosión y, después, un *pasivo* ponerse al *margen*. Además, los rebeldes *se reclutan* hoy entre las minorías; los intelectuales y los estudiantes, no los obreros ni las masas populares: son los que protestan en los Estados Unidos contra la *guerra* en Vietnam. La rebeldía es el privilegio de los grupos que *gozan de* algo que la sociedad industrial aún no ha podido (o querido) dar a todos: el *ocio* y la cultura. La nueva rebeldía no es proletaria ni popular y esta característica es una indicación más de la progresiva *desvalorización* de dos palabras que han *acompañado* a la palabra revolución: pueblo y clase. *Asociada* a la Revolución Francesa, la primera fue una idea romántica que *encendió* los espíritus en el siglo XIX. El marxismo *sustituyó* esta palabra por un concepto que *parecía* más exacto: las clases. Ahora éstas tienden a transformarse en *sectores*: el público y el *privado*, el industrial y el agrícola, los *sindicatos* y las corporaciones. *En lugar de* una *imagen* dinámica de la sociedad como una *totalidad contradictoria*, los sociólogos y los economistas nos dan una clasificación de los hombres por sus ocupaciones.

VOCABULARIO

ocaso, m.   ending (lit., sunset)
anuncio, m.   announcement
renacimiento, m.   rebirth, renaissance
libertario   libertarian
testigo, m.   witness
crepúsculo, m.   twilight
inconforme, m.   one who is in disagreement
rebelde, m.   rebel
legítimo   legitimate
desconfianza, f.   distrust
juicio, m.   judgment

pasivo   passive
margen, m.   margin
reclutar   to recruit
guerra, f.   war
gozar de   to enjoy
ocio, m.   leisure, leisure time
desvalorización, f.   devaluation
acompañar   to accompany
asociado   associated
encender   to light, set fire to
sustituir   to substitute
parecer   to seem
sector, m.   sector

privado, m.   private (sector)
sindicato, m.   labor union
en lugar de   instead of

imagen, f.   image
totalidad, f.   totality
contradictoria   contradictory

PREGUNTAS

1. ¿De qué somos testigos, según Paz?
2. ¿Es posible una verdadera revolución hoy en los Estados Unidos?
3. ¿Quienes son los rebeldes en las sociedades industriales?
4. ¿Cómo describen la sociedad los sociólogos?
5. ¿La rebeldía en los Estados Unidos tiene base teórica?

La necesidad *angustiosa* de *apropiarse* de cada nueva rebeldía—para *en seguida asimilarla, castrarla* y *desecharla*— explica la benevolencia de los poderes constituidos, especialmente en los Estados Unidos, ante los nuevos rebeldes. El destino del rebelde era la *derrota* o la sumisión. La primera es casi imposible ahora: los poderes sociales aceptan todas las rebeliones, no sin antes *cortarles* las *uñas* y las *garras.* No creo que la rebeldía sea el *valor* central del arte, pero *me apena* la *simulación* o la *utilización astuta* de uno de los impulsos más generosos del hombre. Es difícil *resignarse* a la degradación de la palabra No, convertida en *llave* para *forzar* las puertas de la fama y del dinero. No acuso a los artistas de mala *fe*; *señalo* que, como dice el crítico inglés Alvarez, "en Nueva York y en Londres lo difícil es *fracasar* . . . el poeta y el artista se enfrentan hoy a una audiencia devota, tolerante e *imperturbable*, que *premia* los *vituperios* más apasionados con *aplausos* y *plata contante y sonante.*" La exaltación del rebelde es una manera de domesticarlo. El antiguo rebelde era parte de un ciclo *inmutable. Rueda* del orden cósmico, gloria y *castigo* eran el *verso y reverso* de su destino. El rebelde moderno es el *disparo* de una sociedad en expansión horizontal:

el *cohete* un instante *luminoso* y después *opaco*. *Renombre* y oscuridad: la exaltación termina en la neutralización. Es un rebelde que *ignora* la *mitad* de su destino, el castigo; por eso difícilmente conoce a la otra mitad: la conciencia.

VOCABULARIO

angustioso   anguished
apropiarse de (algo)   to appropriate (something)
en seguida   immediately, right away
asimilar   to assimilate
castrar   to castrate
desechar   to cast aside
derrota, f.   defeat
cortar   to cut
uña, f.   fingernail
garra, f.   claw
valor, m.   value
apenarse   to grieve
simulación, f.   simulation, pretense
utilización, f.   use
astuto   astute
resignarse   to resign oneself
llave, f.   key
forzar   to force
fe, f.   faith
señalar   to point out
fracasar   to fail

enfrentarse   to face; to face up to
imperturbable   imperturbable
premiar   to award
vituperio, m.   vituperation
aplauso, m.   applause
plata contante y sonante, f.   ready and jingling silver (money)
inmutable   immutable
rueda, f.   wheel; ring; circle
castigo, m.   punishment
verso y reverso, m.   both sides, heads and tails, front and back
disparo, m.   shot; firing
cohete, m.   skyrocket (as in fireworks)
luminoso   luminous
opaco   opaque; dark
renombre, m.   renown, fame
ignorar   to not know, to be ignorant of
mitad, f.   half

PREGUNTAS

1. ¿Qué quiere decir Paz con la "conciencia" del rebelde?
2. Dar ejemplos de rebeldes asimilados por el sistema en los Estados Unidos.

3. ¿Cómo se cortan "las uñas y las garras" de los rebeldes antes de asimilarlos?
4. ¿Puede usted dar ejemplos de rebeldes no asimilados en los Etados Unidos?

La historia de la rebeldía moderna no *se reduce*, claro está, a la de su asimilación por las instituciones. Lo *milagroso* es que en una sociedad que ha dado a las mayorías un *bienestar inimaginable* hace treinta o cuarenta años, la *casta* más favorecida, la juventud, se rebele de una manera espontánea. No es la rebelión de los *desposeídos* sino la protesta de los *satisfechos*—la protesta contra la satisfacción. La sociedad industrial *muestra* que la abundancia no es menos inhumana que la *pobreza*. Los *monstruos* del progreso *rivalizan* con los de la miseria. El *espectáculo* de los *leprosos*, las *viudas* y los *mendigos* de Benares es menos *degradante* que el *hacinamiento* de *carne* humana en las *playas* del Mediterráneo o en Coney Island. La *abyección* del *hartazgo sobrepasa* a la de la *privación*. . . . Se necesita *cierto cinismo* para decir que la rebelión juvenil es ilógica. En efecto, lo es. Para la minoría, los hombres de ciencia y los filósofos, la razón se ha convertido en una manera de *relacionar* y *combinar mensajes*, una operación indistinguible de las que realizan las *células* y sus *ácidos*. Por todo esto, es natural que la rebelión de los jóvenes no se funde, como las anteriores, en sistemas más o menos coherentes; es el resultado de algo más elemental: el *asco*.

Al escribir el *párrafo anterior* quizá *me dejé llevar* por ideas y *sentimientos* que también se han *desvanecido*; los jóvenes no odian ni desean: *aspiran* a la indiferencia. Ese es el valor supremo. El nirvana regresa. *Por supuesto*, no *se trata de* un budismo a la occidental. Lo que quiero señalar es una analogía histórica: también las doctrinas de Buda y del Mahavira nacieron en un momento de gran prosperidad social y las ideas de *ambos* reformadores fueron adoptadas con entusiasmo no por los pobres sino por la clase de los mercaderes. La religión de la *renuncia* a la vida fue una creación de una sociedad cosmopolita y que conocía el *desahogo* y el *lujo*. Otra *semejanza*: según ya dije en otra parte del libro, la nueva rebeldía, como el budismo, *pone en tela de juicio* el lenguaje y *desvaloriza* la comunicación. A mí esto me maravilla. Es un *signo* de *sabiduría inconsciente*: en la época de la electrónica, los muchachos *escogen* el silencio como la forma más alta de expresión.

VOCABULARIO

reducirse   to reduce to; to confine to
milagroso   miraculous
bienestar, m.   well-being
inimaginable   unimaginable
casta, f.   cast
desposeído   dispossessed
satisfecho, m.   one who is satisfied
mostrar   to show, to demonstrate
pobreza, f.   poverty
monstruo, m.   monster
rivalizar   to rival
espectáculo, m.   spectacle
leproso, m.   leper
viuda, f.   widow
mendigo, m.   beggar
degradante   degrading
hacinamiento, m.   piling, heaping
carne, f.   flesh, meat
playa, f.   beach
abyección, f.   abjection
hartazgo, m.   satiety, satisfaction; filling

sobrepasar   to surpass
privación, f.   privation
cierto   certain; kind of
cinismo, m.   cynicism
en efecto   in fact
relacionar   to relate
combinar   to combine
mensaje, m.   message
célula, f.   cell (biology)
ácido, m.   acid
asco, m.   disgust
párrafo, m.   paragraph
anterior   previous
dejarse llevar   to be carried away; to be carried along
sentimiento, m.   feeling
desvanecer   to disappear
aspirar   to aspire
por supuesto   of course
tratarse de   to be a matter of, to be a question of
analogía, f.   analogy
ambos   both
mercader, m.   merchant
renunciar   to renounce
   (**renuncia,** f. renunciation)

desahogo, m. comfort, ease
lujo, m. luxury
semejanza, f. similarity
poner en tela de juicio to question; to doubt

desvalorizar devaluation
signo, m. sign, indication
sabiduría, f. wisdom
inconsciente unconscious
escoger to choose

PREGUNTAS

1. ¿Cuál es el motivo de la rebelión de los jóvenes en las sociedades industriales?
2. ¿Por qué sobrepasa la abyección del hartazgo a la de la privación?
3. ¿Por qué escogen los jóvenes el silencio como la forma más alta de expresión?
4. ¿Por qué no es racional la rebelión de los jóvenes?

La *sublevación* de los pueblos del "tercer mundo" no es una rebelión: *en tanto que* las rebeliones son *excéntricas, marginales* y minoritarias, este movimiento *engloba* a la mayoría de la humanidad y, aunque haya *nacido* en la periferia de las sociedades industriales, se ha convertido en el centro de las *preocupaciones* contemporáneas. El *levantamiento* del "tercer mundo" tampoco es una revolución. En verdad es una revuelta popular y espontánea que aún *busca* su *sentido* final. Los *extremos* la *desgarran* y, simultáneamente, la alimentan: las ideas universales le sirven para *proclamar* su *particularismo*; la originalidad de sus antiguas religiones, artes y filosofías para *justificar* su *derecho* a la universalidad. Colección *variada* de pueblos en *andrajos* y civilizaciones en *añicos*, la *heterogeneidad* del "tercer mundo" se vuelve unidad frente a Occidente: es el otro *por definición*, su *caricatura* y su conciencia, la otra *cara* de sus *inventos*, su justicia, su *caridad*, su *culto* a la persona y sus institutos de *seguridad* social. Afirmación de un pasado *anterior* a Cristo y las *máquinas*, es también *voluntad* de modernidad; tradicionalista, prisionero de *ritos* y *costumbres* milenarias, ignora el valor y el sentido de su tradición;

modernista, *oscila* entre Buda y Marx, Shiva y Darwin, Alá y la *cibernética*. Siente fascinación y horror, amor y *envidia* por sus antiguos señores: quiere ser como las "naciones desarrolladas" y no quiere ser como ellas. El "tercer mundo" no sabe lo que es, excepto que es voluntad de ser.

VOCABULARIO

sublevación, f. uprising
en tanto que in the sense that
excéntrico eccentric
marginal marginal
englobar to include
nacer to be born
preocupación, f. worry, concern
levantamiento, m. rising, uprising
buscar to search, to look for
sentido, m. meaning
extremo, m. extreme
desgarrar to tear
alimentar to feed
proclamar to proclaim
particularismo, m. individuality, particularity
justificar to justify
derecho, m. right
variado varied, variegated

andrajo, m. rag
añico, m. piece, fragment
heterogeneidad, f. heterogeneity
por definición by definition
caricatura, f. caricature
cara, f. face
invento, m. invention
caridad, f. charity
culto, m. cult
seguridad, f. security
anterior before, anterior
máquina, f. machine
voluntad, f. will, desire
rito, m. rite
costumbre, f. custom
milenario ancient
oscilar to oscillate
cibernética, f. cybernetics
envidia, f. envy
señor, m. master

PREGUNTAS

1. ¿Cuál es el centro de las preocupaciones contemporáneas?
2. ¿Qué busca la revuelta del "tercer mundo"?
3. ¿Cuáles son las paradojas que forman parte de esa búsqueda?
4. ¿Por qué representa el "tercer mundo" la "otra cara" del mundo occidental?

LUIS ECHEVERRÍA ÁLVAREZ

Luis Echeverría Álvarez nació en 1922 en México. Estudió la carrera de abogado en la Universidad de México y ha sido profesor ayudante de la misma en la Facultad de Derecho. Su vida profesional hasta su elección como presidente de México se confunde con la del partido único del país: el Partido Revolucionario Institucional. De 1940 a 1952 fué secretario privado del Comité Central del PRI y posteriormente ocupó diversos puestos en el gobierno, entre ellos el de secretario del Interior de 1963 a 1970. En 1970 fué elegido presidente de la República de México. En sus discursos puede apreciarse los efectos de la retórica oficial, que frecuentemente no se corresponde con la realidad.

Construyendo nuestra democracia
1971   *(fragmentos)*

Todavía se preguntan algunos cómo *seguimos* haciendo la Revolución dentro de nuestras *instituciones*. ¡Cómo no iba a ser así, si el *principio* y la *práctica* de la *No Reelección* nos *permite* el cambio de *líderes* del país! ¡Cómo se podría haber *impedido* que se siguieran perfeccionando los objetivos de la Revolución, si constantemente *tratamos* de *renovar* los *procedimientos* democráticos dentro de nuestro *Partido* (Partido Revolucionario Institucional; PRI); si *estimulamos* el *proceso* democrático dentro del cual la oposición puede *desarrollarse;* si por cambios que nosotros mismos *iniciamos*, la oposición puede *lograr delegados* de partido, que puedan decir su verdad, su opinión y su *crítica*, y así puedan *contribuir* también al progreso de las instituciones democráticas de México, cuya *vitalidad resiste* todas las críticas!

¡Y cómo no íbamos a seguir haciendo la Revolución dentro de las formas institucionales y constitucionales, si abrimos cada vez más las puertas a las nuevas generaciones y a las mujeres, y entran al Congreso de cada nueva *legislatura* un mayor número de delegados; de líderes *campesinos* y de *obreros*, y de la *clase media* revolucionaria y popular!

VOCABULARIO

seguir   to continue
institución, f.   institution
principio, m.   principle
práctica, f.   practice
No Reelección   "No Re-election" (refers to one of the political issues important at the beginning of the Revolution)
permitir   to permit
líderes (sing. **líder**)   leaders
impedir   to impede; to prevent
tratar   to try
renovar   to renew; to change
procedimiento, m.   procedure
partido, m.   (political) party

estimular   to stimulate
proceso, m.   process
desarrollar   to develop
iniciar   to initiate
lograr   to achieve
delegado, m.   delegate
crítica, f.   criticism
contribuir   to contribute
vitalidad, f.   vitality
resistir   to resist
legislatura, f.   legislature
campesino, m.   countryman, peasant
obrero, m.   worker
clase media, f.   middle class

PREGUNTAS

1. ¿Es posible tener una revolución institucionalizada o burocratizada?
2. ¿Es posible una "clase media revolucionaria"?
3. ¿Qué quiere decir Echeverría cuando dice que México puede "resistir todas las críticas"?
4. ¿Qué sabe usted de las condiciones sociales actuales de México?

5. ¿Usted cree que el presidente es un hombre totalmente sincero aquí?

No es el Gobierno Revolucionario de México un *organismo* para la simple *aplicación* de las *leyes* o el *ejercicio* del poder, aunque éste se *ejerciera* con una *rara honradez*. Es algo más, es mucho más: es éso, pero *además* es una profunda emoción *creadora* que hace que la Revolución no *se fatigue*, que se *renueva* constantemente, que *obtenga* de las *capas básicas* de nuestra *población*, la *indicación* constante del *camino* que debemos seguir para *resolver* los problemas de México.

Seguirá siendo el Gobierno *emanado* del Partido Revolucionario Institucional, *fiel* a los principios de nuestro Partido de la Revolución; no solamente en la *exposición* de su *doctrina*, sino en el constante trabajo *diario* que se *nutre* en las *raíces* del pueblo, en la *convicción* de que en el *niño* y en el joven más *modesto* y más *humilde*—nacido en el *desierto*, en la *sierra*, o en la *costa* más distante—*palpita* el espíritu de un mexicano, que *armoniza* con la *conformación* espiritual, física, intelectual e *ideológica* de todo el país.

VOCABULARIO

organismo, m. organism
aplicación, f. application
ley, f. law
ejercicio, m. exercise
ejercer to exercise
raro rare
honradez, f. honor; honesty
además in addition, besides
creador creative
fatigarse to get tired
renovar to renew
obtener to obtain

capas básicas basic levels (here, "lowest levels")
población, f. population
indicación, f. indication
camino, m. road, way
resolver to solve; to resolve
emanar to emanate
fiel faithful
exposición, f. exposition; presentation
doctrina, f. doctrine
diario daily

nutrir to feed
raíz, f. root
convicción, f. conviction, certainty
niño, m. child
joven, m. youth
modesto modest
humilde humble
nacer to be born
desierto, m. desert

sierra, f. mountains, mountain range
costa, f. coast
palpitar to palpitate
armonizar to harmonize
conformación, f. conformation, formation
físico physical
ideológico ideological

PREGUNTAS

1. ¿De dónde recibe el gobierno sus instrucciones?
2. ¿Cuál es el deber del partido?
3. ¿Cómo puede una revolución conservar su energía original?
4. ¿Es posible una revolución constante?

LA
REVOLUCIÓN
CUBANA

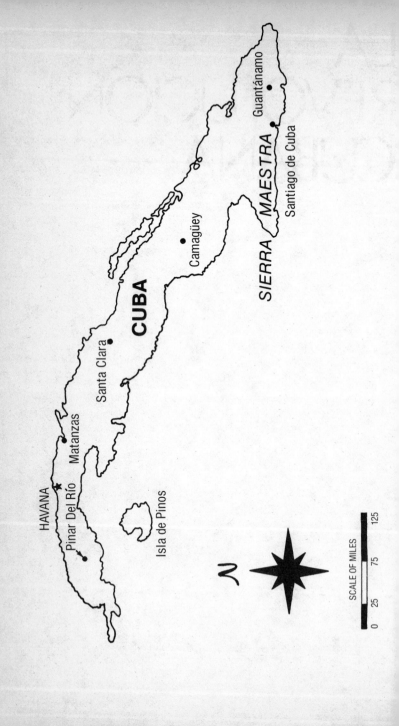

Cuba, descubierta por Colón en 1492, fué empezada a colonizar por los españoles en 1509. Debido a su estratégica situación, a su fertilidad y al excelente emplazamiento y condiciones del puerto de La Habana, punto de reunión y partida de todas las flotas españolas, la isla de Cuba fué disputada a España por Francia e Inglaterra. Siempre permaneció en manos españoles, menos en 1762 en que La Habana fué ocupada por los ingleses por un año. Los habitantes indios fueron casi exterminados por los españoles y por eso, ya a principios del siglo XVI, se introdujeron los primeros esclavos negros y el cultivo del azúcar, que iba a ser esencial para la economía cubana. Por lo tanto, desde el principio de la colonización europea, se estableció la base socioeconómica de Cuba hasta la independencia: la esclavitud y el azúcar. En 1793 los esclavos negros de la colonia francesa de Haití se rebelaron contra sus amos franceses, dirigidos por uno de los suyos, Toussaint l'Ouverture, que proclamó la independencia de su país. Muchos de los colonos franceses fueron asesinados en el levantamiento, refugiándose el resto en Cuba en Luisiana. Estos sucesos aterrorizaron a la clase dirigente criolla de Cuba, en donde la mitad de la población eran negros y esclavos. Por esta razón, cuando los países latinoamericanos proclamaron su independencia hacia 1820, ni la oligarquía criolla, ni la población blanca mostraron mucho interés en la emancipación de Cuba. Aparte de algunos intentos aislados, la primera rebelión seria contra la dominación española no tuvo lugar hasta 1868 y duró hasta 1878, en una sangrienta guerra que acabó con la concesión de una cierta autonomía a Cuba y la abolición de la esclavitud en 1871. Pero esto no fué suficiente para los patriotas cubanos, que bajo la dirección de José Martí se rebelaron de nuevo en 1895. Después de la muerte de Martí, la guerra entre españoles y cubanos se prolongó por tres años hasta la intervención de los Estados Unidos en 1898, que derrotó fácilmente a España y se apoderó de Cuba y Puerto Rico.

En 1902, Cuba obtuvo la independencia, pero firmemente controlada por Washington, tanto política, como económicamente. Ya desde el siglo XIX, Cuba exportaba el 75 por ciento de sus productos—azúcar, sobre todo—a los Estados Unidos

y recibía de estos el 80 por ciento de sus importaciones y así
continuó hasta la llegada al poder de Fidel Castro. Los suce-
sivos presidentes cubanos hasta Castro, no hacían nada sin
consultar con el embajador americano, representante de los
intereses políticos y económicos de Washington. Esto es algo
que Fidel Castro y sus seguidores quisieron cambiar al llegar
al poder el 1 de enero de 1959, después de dos años de lucha.
Por eso el Gobierno Revolucionario decidió nacionalizar a
todas las compañías americanas, lo que naturalmente supuso
la ruptura diplomática y comercial con los Estados Unidos en
1961. Así mismo el deseo de los castristas de remediar la
pobreza y el subdesarrollo de la población rural y de la clase
trabajadora, que les llevó a la nacionalización de todas las
industrias y los bancos, supuso el rompimiento con la clase alta
y parte de la clase media cubana, que vieron sus intereses afectados. La invasión fracasada de la Bahía de Cochinos, preparada por la CIA y el bloqueo político y comercial de Cuba,
decretado por los Estados Unidos en 1961, llevaron al Gobierno
Revolucionario a pasarse al campo socialista y a estrechar sus
relaciones con la Union Soviética, pero siempre manteniendo
su espíritu independiente. A pesar de ciertos problemas, como
la falta de institucionalización del régimen y casos un tanto
ambiguos como el de Heberto Padilla, no hay duda del éxito
del sistema político cubano. Cuba es el primer país latinoamericano que ha hecho desaparecer la pobreza y el anal-
fabetismo en el pais, eliminando la discriminación racial—
que antes afectaba a la mitad de la población que es negra—
y haciendo extensiva la educación y los cuidados médicos a
todos los cubanos. Naturalmente, la construcción de una
sociedad socialista en las difíciles condiciones cubanas, te-
niendo que enfrentarse a un severo bloqueo económico y a
la abierta hostilidad del poderoso vecino norteamericano en
donde residen más de medio millón de exilados anti-castristas,
impone ciertas restricciones de expresión, pero en conjunto, el
balance es decididamente positivo.

FIDEL
CASTRO

Fidel Castro Ruz nació en la provincia de Oriente en 1926. Su padre
era un pobre inmigrante español que a fuerza de trabajo consiguió
convertirse en un rico proprietario agrícola. Castro se educó con los
Jesuitas y después se doctoró en Derecho en la Universidad de La
Habana. El 26 de julio de 1953, Castro al mando de un grupo de
seguidores suyos intentó apoderarse del cuartel Moncada en Santiago de Cuba, como protesta por la toma del poder de Batista por
medio de un golpe de estado en 1952. Castro fué sentenciado a
quince años de prisión, siendo liberado en 1955 a consecuencia de
una amnistía. Después de un año de exilio en México, Castro y un
reducido grupo de guerrilleros iniciaron una guerra revolucionaria
en la Sierra Maestra, que culminó con la caída del dictador Batista
y la toma de La Habana en 1959. Desde entonces la historia de Cuba,
en donde es primer ministro desde 1959, se confunde con su bio-
grafía. En 1960 nacionalizó todas las industrias cubanas y extranjeras
lo que trajo como consecuencia la ruptura de relaciones diplomáticas
con los Estados Unidos en 1961, acabando así más de cincuenta años
de dependencia política y económica cubana de los norteamericanos.
En ese mismo año se produjo la invasión anti-castrista organizada
por la CIA que constituyó un absoluto fracaso al carecer del apoyo
popular. A raíz de este acontecimiento los Estados Unidos declararon
un bloqueo total de la isla y desde entonces, Cuba milita abierta-
mente en el campo socialista. El discurso del 26 de julio de 1970 es
una autocrítica de la Revolución cubana, al no haber alcanzado la
producción de diez millones de toneladas de azúcar que se esperaba.
El estilo es típico de Fidel Castro, a quien, aunque no se esté de
acuerdo con él, nadie le puede negar honestidad y coraje.

Fidel Castro

Esto que *traigo* aquí no es un *discurso*, sino los secretos de la economía, de esas cosas que se escriben y se dicen en secreto para que el *enemigo* no lo sepa. ¡No! Aquí las tenemos. No las decimos para que el enemigo lo sepa. ¡El enemigo realmente *nos importa un bledo*! Y si algunas de las cosas que decimos las explota el enemigo y nos producen profunda *vergüenza*, ¡*bienvenida* sea la vergüenza!, ¡bienvenida sea la vergüenza!, ¡bienvenida sea la *pena* si sabemos convertir la vergüenza en fuerza, si sabemos convertir la vergüenza en espíritu de trabajo, si sabemos convertir la vergüenza en *dignidad*, si sabemos convertir la vergüenza en moral!

Leche. El *acopio* de leche *fresca* de enero a mayo es de 71.3 millones de *litros*, lo que significa una reducción de un 25 *por ciento* sobre el mismo período de 1969, que fue de 95.1 millón de litros.

La *caída* del acopio se produce tanto en el *sector estatal* como en el *privado*. Pero en este último es relativamente mayor. Esta *pérdida* de acopio *se origina* en limitaciones de construcción y en la no *recuperación* de las *capacidades* perdidas; es decir, de las viejas *lecherías* de Guano.

De manera que el problema en el caso de la leche no es ya un problema de número de *vacas* y de *novillas* con capacidades potenciales de producir leche, sino de las capacidades *requeridas* para su explotación.

Esta caída en el acopio implica grandes *incrementos* en las *importaciones* de leche en *polvo*. Estas importaciones en 1970 *suman* 56 mil *toneladas*, con un *importe* de casi 12 millones de dólares. Para 1971 *se proyectan* importaciones similares. También se originan por este *motivo* importaciones de mantequilla sin sal.

Rayón. A causa de la situación crítica que se confronta con la *fuerza de trabajo* ha sido necesario reducir los planes de producción, *afectándose* fundamentalmente la línea de *neumáticos*. Se empezará pronto la rehabilitación de la *fábrica* para terminarla este *propio* año.

Esta fábrica, importantísimo para la economía, base de la producción de neumáticos, que son a su vez tan importantes para un punto crítico como el *transporte*, confronta un tipo especial de problema que es la *contaminación* en el *ambiente* de sulfocarbonismo. Esta contaminación viene de las materias *químicas* que emplea la planta.

En el pasado era tres veces mayor que hoy. Hoy se ha *logrado* reducir esa contaminación *en un tercio*. En el pasado, los dueños de aquella planta, y los administradores, mantenían el secreto de las malas consecuencias para la salud de esta contaminación con sulfocarbonismo. Y sin embargo, había *demanda* de trabajo y era considerado aquello como un buen *empleo* bien pagado. Hoy no *constituye* un secreto, porque la administración revolucionaria no puede *engañar* a los *obreros*.

VOCABULARIO

traer to bring
discurso, m. speech
enemigo, m. enemy
nos importa un bledo doesn't matter a bit to us
vergüenza, f. shame
bienvenido welcome
pena, f. sorrow
dignidad, f. dignity
acopio, m. gathering, collecting
fresco fresh
litro, m. litre
por ciento per cent
caída, f. fall

sector estatal, m. public sector
privado, m. private (sector)
pérdida, f. loss
originarse to originate in; to be caused by
recuperación, f. recuperation
capacidad, f. capacity
lechería, f. dairy
vaca, f. cow
novilla, f. heifer
requerido required
incremento, m. increase
importación, f. import
polvo, m. powder, dust
sumar to total

tonelada, f. ton	**contaminación,** f. contaminación, pollution
importe, m. cost	
proyectarse to project	**ambiente,** m. atmosphere
motivo, m. motive, reason	**lograr** to achieve, to attain
fuerza de trabajo, f. work force	**en un tercio** by a third
afectar to affect	**demanda,** f. demand
neumático, m. tire	**empleo,** m. job
fábrica, f. factory	**constituir** to constitute
propio very; same	**engañar** to deceive
transporte, m. transportation	**obrero,** m. worker

PREGUNTAS

1. ¿Cuáles son los "secretos" de la economía que presenta Castro?
2. ¿Por qué hay que importar leche en polvo?
3. ¿Cuál es el problema especial que se encuentra en la fábrica de rayón?
4. ¿Cómo afectan los problemas de la fábrica de rayón otros sectores de la economía?
5. ¿Cómo afectaría a la construcción de edificios?

En esta *enumeración estadística* sólo aparecen parte de las causas. Hay que *señalar* la *ineficiencia, es decir,* el factor subjetivo entre las causas de estos problemas.

Hay sí, dificultades objetivas. Se han señalado algunas. Pero no estamos aquí para señalar las dificultades objetivas. La *tarea* es señalar los problemas en concreto. Y la tarea es sencillamente que el hombre ponga lo que la naturaleza o los *hechos* de la realidad de nuestros *recursos* y nuestros *medios* no han podido poner. Es el hombre. El hombre está jugando aquí un *papel* fundamental. Y es fundamentalmente en los hombres que tienen tareas de *dirección.*

Vamos a empezar por señalar, en primer lugar, en todos estos problemas la responsabilidad de todos nosotros, y la mía en particular. No *pretendo* ni mucho menos señalar responsabilidades que no me *pertenecen* también a mí y a toda la dirección de la revolución.

Lamentablemente estas *autocríticas* no pueden ser fácilmente acompañadas de soluciones. Mejor sería decir al pueblo: busquen otros. En realidad también por nuestra parte sería *hipócrita*.

Creo que nosotros, los *dirigentes* de esta revolución, hemos costado demasiado *caros* en el *aprendizaje*, hemos sido ignorantes.

Días atrás, reunidos en el *parque* "Céspedes" de Santiago de Cuba, después de visitar una por una numerosas fábricas y hablar uno por uno con miles de *santiagueros*, analizamos allí en concreto todos y cada uno de los factores de las distintas industrias.

Entonces, ¿qué nos encontrábamos en el espíritu de aquellos obreros de Santiago de Cuba, sabiendo nosotros las necesidades que tenían *en muchos órdenes*? ¡Una preocupación por la producción en primer lugar! De manera que aquellos obreros lo primero que *planteaban*—los de la *cantera*, los de los *talleres*—, lo primero que planteaban eran los problemas de la producción. Con un amor, un entusiasmo por la fábrica y por la producción tremendos. ¡Y sólo después de eso planteaban los demás problemas! ¡Y en ocasiones éramos nosotros los que les planteábamos los problemas!

Y obreros con ropas rotas, y zapatos rotos, pidiendo *tornos*, máquinas, *herramientas*, instrumentos de *medición, preocupados* más por eso todavía que por los demás problemas. Incluso, *a pesar de* lo mal que estaban los *abastecimientos*, preocupados más por la fábrica y la producción que por los abastecimientos. ¡Y eso sí que es una cosa *impresionante*! ¡Eso sí que es para nosotros una lección!

¡Eso sí que es confirmación en la vida y en la realidad de que es en el *proletariado*, de que es en el proletariado, de que es en el proletariado industrial donde está la clase verdaderamente revolucionaria, la clase más *potencialmente* revolucionaria!

¡Qué lección práctica de marxismo-leninismo! Nosotros que nos *iniciamos* en el camino de la revolución, no por una fábrica, que *buena falta nos habría hecho* a todos, sino que nos iniciamos en el camino de la revolución por la vía intelectual del estudio de la teoría, del pensamiento. Y qué bien nos habría *convenido* a todos nosotros haber conocido mucho mejor y haber *surgido* de las fábricas, porque es allí donde realmente está el espíritu genuinamente revolucionario de que hablaban Marx y Lenin.

VOCABULARIO

enumeración, f. enumeration
estadística statistical
señalar to show, to point out
ineficiencia, f. inefficiency
es decir that is
tarea, f. task
hecho, m. fact
recurso, f. recourse; resource
medio, m. means
papel, m. role
dirección, f. direction; leadership
pretender to claim to; to pretend to
pertenecer to belong
autocrítica, f. self-criticism
hipócrita hypocritical
dirigente, m. director, leader
caro expensive
aprendizaje, m. apprenticeship
días atrás some days ago
parque, m. park
santiaguero, m. resident of Santiago

en muchos órdenes of many kinds
plantear to state, to present
cantera, f. quarry
taller, m. workshop
torno, m. lathe
herramienta, f. tool
medición measurement
preocupar to worry
a pesar de in spite of
abastecimiento, m. supply (*here,* for personal use)
impresionante impressive
proletariado, m. proletariat
potencialmente potentially
iniciar to begin, to start out
buena falta nos habría hecho we really needed to, we really should have
convenir to be suitable, to be necessary
surgir to appear, to come forth, to arise

PREGUNTAS

1. ¿Cuál es la esencia de la autocrítica que se hace Castro?
2. ¿Cuáles eran las preocupaciones principales de los obreros?
3. Según Castro, ¿dónde se encuentra el espíritu verdaderamente revolucionario?
4. ¿Cómo y dónde se aprende mejor a ser un revolucionario?
5. En términos de este discurso, ¿qué es una revolución?

¿Cómo resolvemos esta contradicción entre nuestras *abrumadoras* necesidades, con esos *datos* que nosotros leíamos de cómo crece la población, de cómo crece la fuerza de trabajo, de cuál es la demanda de *brazos*?

¡No se trata aquí de horas extras y más horas extras de manera mecánica: ¡no! Se ha planteado eso ya: el *aprovechamiento óptimo* de la *jornada de trabajo*, y la excepción cuando *imperiosas* circunstancias lo *justifiquen* y lo *indiquen*. Y cuando sea claro y racional que allí se va a lograr un objetivo, no por *acumular* una hora más, no por hacer una *meta*. Esas cosas mecánicas no sirven, esas cosas mecánicas son una *basura*. Debemos aprender *de una* vez que el mecanismo no *conduce* a nada. Muchas veces *incurrimos en tonterías*.

Nuestro problema es una *toma de conciencia* general de todo el pueblo, de cómo nosotros *optimizamos* hasta la última máquina, el último *gramo de materia prima*, el último átomo de energía de una manera correcta. Que le *metamos* la cabeza a los problemas. Si cuando hablamos de los *diez millones* era un problema de brazos yo diría que en este momento tenemos nosotros un problema de *cerebro delante*, un problema de inteligencia delante.

El camino es difícil. Sí. Más difícil de lo que parecía. Sí, señores imperialistas: es difícil la construcción del socialismo. Pero el propio Carlos Marx pensaba en el socialismo como una consecuencia natural de una sociedad ya muy *desarrollada* tecnológicamente. Sin embargo, en el mundo de hoy, *frente a* la presencia de *potencias* imperialistas industrializadas, países como el nuestro no tienen otra alternativa, no tenían otro camino—para ganar todo ese *atraso* cultural y técnico—que el socialismo. Pero ¿qué es el socialismo? Es la posibilidad de emplear de manera óptima los recursos humanos y los recursos naturales en *beneficio* del pueblo. ¿Qué es el socialismo? Es la *desaparición* de la contradicción entre el desarrollo de las fuerzas productivas y las relaciones de producción.

VOCABULARIO

abrumador crushing, over-whelming
dato, m. fact, data
brazos, m. arms; laborers; hands
aprovechamiento, m. use; the taking advantage of
óptimo optimum
jornada de trabajo, f. work day
imperioso imperative
justificar to justify
indicar to indicate
acumular to accumulate
meta, f. goal (in sports)
basura, f. trash, garbage
de una vez once and for all
conducir to lead
incurrir en to incur
tontería, f. foolishness, nonsense

toma de conciencia, f. increase of conscience; sudden growth of awareness
optimizar to optimize
gramo, m. gram
materia prima, f. raw material
meter to put
diez millones (refers to the projected 1970 harvest of ten million tons of sugar cane)
cerebro, m. brain
delante ahead, before
desarrollado developed
frente a before; in the face of
potencia, f. power
atraso, m. backwardness; lag
beneficio benefit
desparaición, f. disappearance

PREGUNTAS

1. ¿Cómo se han tratado de resolver los problemas en el pasado?
2. ¿Cómo hay que resolver los problemas en el futuro?

3. Según Castro, ¿por qué es el socialismo el único camino para Cuba?
4. ¿Cómo se relaciona el socialismo al nacionalismo en un país como Cuba?

ERNESTO "CHE" GUEVARA

Ernesto "Che" Guevara nació en la Argentina en 1928, en el seno de una distinguida familia venida a menos. Durante toda su vida, padeció de asma, lo que quizás le movió a estudiar Medicina en la Universidad de Buenos Aires, en donde se graduó en 1953. Después de obtener el título de doctor, visitó varios países de América Latina, impresionándole profundamente la miseria de las masas indígenas. En 1954 llegó a Guatemala donde coloboró con el gobierno reformista de Jacobo Arbenz, hasta que éste fué derrocado por una fuerza rebelde, instigada y financiada por la CIA y la United Fruit Company. Entonces Guevara se refugió en México, donde conoció a Fidel Castro y al movimiento político que dirigía, a los que se unió. Los sucesos de Guatemala le habían convertido en un decidido revolucionario anti-imperialista y por eso Guevara estaba entre los 82 hombres que al mando de Castro se embarcaron en el yate *Granma* en noviembre de 1956, para iniciar la Revolución cubana, de los que sólo sobrevivieron doce. En la Sierra Maestra y durante los dos años que duró la campaña hasta la entrada en La Habana en 1959, el "Che" se destacó como un magnífico jefe guerrillero y un teórico del movimiento, sólo segundo a Castro. Hasta 1965 fué director del Banco Nacional de Cuba y ministro de Industria, además de ser el portavoz oficial del régimen cubano en diversos países y conferencias. Llevado por su idealismo revolucionario intentó iniciar un foco guerrillero en Bolivia que fracasó, encontrando la muerte a manos del ejército boliviano en 1967. Su obsesión era la lucha contra el imperialismo, así como el nacimiento del hombre nuevo en un mundo basado en el humanismo marxista, después de la desaparición de la miseria y la explotación en los países subdesarrollados del tercer mundo. Su personalidad humanista y quijotesca, de raíz muy hispánica, es una de las más atrayentes de nuestra época y se ha convertido en un símbolo de la lucha contra la opresión a través de todo el mundo.

Ernesto "Che" Guevara

(Courtesy of The Center for Cuban Studies;
photo by Paolo Gasperini)

El
bautismo
de fuego
1965 *(fragmento)*

El *compañero* Motané y yo estábamos *recostados* contra un tronco, hablando de nuestros hijos; comíamos la pequeña ración—medio *chorizo* y dos *galletas*—cuando sonó un *disparo*; y después un huracán de *balas* se *cernía* sobre el grupo de 82 hombres. Mi *fusil* no era de los' mejores, deliberadamente lo había pedido así porque mis condiciones físicas eran deplorables después de un largo *ataque* de *asma sufrido* durante todo el viaje *marítimo* para llegar a Cuba y no quería la pérdida de un arma buena en mis manos. No sé en qué momento ni cómo *sucedieron* las cosas; los recuerdos ya son *borrosos*. Me acuerdo que, en medio del *tiroteo*, Almeida vino a mi *lado* para preguntar las órdenes que había, pero ya no había nadie allí para darlas. Según supe después, Fidel trató de *agrupar* a la gente en el *cañaveral cercano*. La *sorpresa* había sido demasiado grande, las balas demasiado *nutridas*. Almeida volvió a *hacerse cargo de* su grupo, en ese momento un compañero dejó una *caja* de balas casi a mis pies, se lo indiqué y el hombre me contestó con cara angustiosa que recuerdo perfectamente, algo así como "no es hora para cajas de balas," e inmediatamente siguió el camino del cañaveral. Quizás esa fue la primera vez que tuve planteado prácticamente ante mí el dilema de mi dedicación a la medicina o a mi deber de soldado revolucionario. Tenía delante una *mochila* llena de *medicamentos* y una caja de balas, las dos eran mucho *peso* para transportarlas *juntas*; tomé la caja de balas dejando la mochila para cruzar el *claro* que me separaba de las cañas. Recuerdo perfectamente a Faustino Pérez, *de rodillas* en la *guardarraya* del cañaveral, *disparando* su pistola ametralladora. Cerca de mí un compañero llamado Arbentosa, caminaba hacia el cañaveral. Unas balas nos *alcanzaron* a los dos. Sentí un fuerte *golpe* en el *pecho* y una *herida* en el *cuello*; creí que estaba muerto. Arbentosa, vomitando sangre por la nariz, la boca y la enorme herida de la bala cuarenta y cinco, gritó algo así como "me mataron" y empezó a disparar como loco, pues no se veía a nadie en aquel momento. Le dije a Faustino, desde el *suelo*, "me *jodieron*." Faustino me *echó una mirada* y me dijo que no era nada, pero en sus ojos se leía la *condena* que significaba mi herida.

VOCABULARIO

compañero, m. companion, comrade
recostar to lie, to lie back
tronco trunk (of a tree)
ración, f. ration
chorizo, m. sausage
galleta, f. cracker
sonar to sound
disparo, m. shot
bala, f. bullet
cerner to blossom; to threaten
fusil, m. rifle
ataque, m. attack
asma, m. asthma
sufrir to suffer
marítimo marine
suceder to happen
borroso blurred, fuzzy
tiroteo, m. shooting
lado, m. side
agrupar to group
cañaveral, m. sugarcane field
cercano near
sorpresa, f. surprise
nutrido steady; vigorous

hacerse cargo de to take charge of
caja, f. box
mochila, f. knapsack
medicamento, m. medicine; medical gear
peso, m. weight
junto together
claro, m. clearing
de rodillas kneeling
guardarraya, f. lane or space between the rows of cane
disparar to shoot, to fire
ametralladora, f. machine gun
alcanzar to reach; to overtake
golpe, m. blow
pecho, m. chest, breast
herida, f. wound
cuello, m. neck
suelo, m. ground
joderse to be "screwed"; to have "had it" (vulgar)
echar una mirada to glance
condena, f. sentence

PREGUNTAS

1. ¿Por qué no quiso Guevara uno de los mejores fusiles?
2. ¿Cómo reacciona el grupo frente a este primer ataque?
3. ¿Cuál es el dilema en que se encuentra Guevara?

Quedé *tendido*; disparé un *tiro* hacia el monte siguiendo el mismo oscuro impulso del herido. Inmediatamente, *me puse a* pensar en la mejor manera de morir en ese minuto en que parecía todo perdido. Recordé un viejo cuento de Jack London, donde el protagonista, *apoyado* en un tronco de árbol, *se dispone* a acabar con dignidad su vida, al saberse condenado a muerte por *congelación*, en las zonas *heladas* de Alaska. Es la única imagen que recuerdo. Alguien, de rodillas, gritaba que había que *rendirse* y se oyó atrás la voz de Camilo Cienfuegos gritando: "¡Aquí no se rinde nadie!" Ponce se acercó *agitado*, con la respiración angustiosa, *mostrando* un *balazo* que aparentemente le *atravesada* el *pulmón*. Me dijo que estaba herido y le indiqué, con toda indiferencia, que yo también. Siguió Ponce *arrastrándose* hacia el cañaveral así como otros compañeros no heridos. Por un momento quedé solo, tendido allí esperando la muerte. Almeida llegó hasta mí y me *dió animo* para seguir; a pesar de los dolores, lo hice y entramos en el cañaveral. Allí ví al gran compañero Raúl Suárez, con su *dedo pulgar destrozado* por una bala y Faustino Pérez vendándoselo; después todo *se confundía* en medio de las *avionetas* que pasaban bajo, tirando algunos disparos de ametralladora, *sembrando* más confusión en medio de escenas a veces *dantescas* y a veces grotescas, como la de un gordo *combatiente* que quería *esconderse tras de* una caña, y otro que pedía silencio en medio del *ruido* tremendo de los tiros.

Se formó un grupo que *dirigía* Almeida y con él *cruzamos* la última guardarraya del cañaveral para alcanzar un *monte salvador*. En ese momento se oían los primeros gritos: "fuego" en el cañaveral; y se levantaban columnas de *humo* y fuego;

aunque esto no lo puedo *asegurar,* porque pensaba más en la *amargura* de la *derrota* y en la inminencia de mi muerte, que en los *acontecimientos* de la *lucha.* Caminamos hasta la noche, y decidimos dormir todos juntos, *amontonados,* atacados por los mosquitos, sufriendo de la sed y del hambre. Así fue nuestro *bautismo* de fuego, el día 5 de diciembre de 1956, *en las cercanías de* Niquero. Así se inició la *forja* de lo que sería el *Ejército* Rebelde.

VOCABULARIO

tendido lying down
tiro, m. shot
ponerse a to begin to
apoyar to lean (against)
disponerse to prepare oneself, to get ready
congelación, f. freezing
helado icy; freezing
rendirse to surrender
agitado agitated
mostrar to show, to display
balazo, m. gunshot
atravesar to go through
pulmón, m. lung
arrastrarse to drag oneself
dar ánimo to give encouragement to
dedo pulgar, m. thumb
destrozar to shatter, to destroy
vendar to bandage
confundirse to become confused
avioneta, f. small plane

sembrar to sow
dantesco Dante-like
combatiente, m. combatant, fighter
esconder to hide
tras de behind
ruido, m. noise
dirigir to direct, to lead
cruzar to cross
monte, m. mountain
salvador saving; savior
humo, m. smoke
asegurar to assure
amargura, f. bitterness
derrota, f. defeat
acontecimiento, m. event
lucha, f. battle, fight
amontonado piled up
bautismo, m. baptism
en las cercanías de in the vicinity of
forja, f. forging
ejército, m. army

PREGUNTAS

1. ¿Qué hizo Guevara cuando se creyó muerto por la herida?
2. ¿Cuál era el arma del enemigo que sembró más confusión?
3. ¿Cuál fué el error principal de los guerrilleros en este acontecimiento?

Cuba:
¿Excepción histórica o vanguardia en la lucha anticolonialista?
1961   (fragmento)

En América, el latifundio fué la base del poder económico de la clase dominante durante todo el período después de la gran revolución libertadora del anticolonialismo del *siglo pasado*. Pero esta clase social latifundista, que existe en todos los países, está por regla general a *la zaga* de los *acontecimientos* sociales que inquietan al mundo. En algunas partes, sin embargo, lo más inteligente de esa clase latifundista *advierte* el peligro y va cambiando el tipo de *inversión* de sus *capitales*, avanzando a veces para mecanizar la agricultura, *trasladando* una parte de sus intereses a algunas industrias o *convirtiéndose* en agentes comerciales del *monopolio. En todo caso*, la primera revolución libertadora no llegó nunca a destruir las bases latifundistas, que actuando siempre en forma reaccionaria, *mantienen* el principio de *servidumbre* sobre la tierra. Este es el *fenómeno* que se encuentra sin excepciones en todos los países de América y que ha sido base de todas las injusticias *cometidas*.

El latifundista comprendió, en la mayoría de los países, que no podía *sobrevivir* solo, y rápidamente entró en *alianza* con los monopolios; es decir con el más fuerte y *fiero* opresor de los pueblos americanos. Los capitales norteamericanos llegaron a *fecundar* las tierras vírgenes, para llevarse después, *insensiblemente*, todo el dinero que antes, generosamente, había *regalado*, más otras *ganancias* que constituyen varias veces la *suma* originalmente *invertida* en el país "beneficiado."

América fue *campo* de la lucha interimperialista y las "guerras" entre Costa Rica y Nicaragua; la segregación de Panamá; la *infamia* cometida contra Ecuador en su *disputa* contra Perú; la lucha entre Paraguay y Bolivia; no son sino expresiones de esta *batalla gigantesca* entre los grandes *consorcios* monopolistas del mundo, batalla decidida casi completamente a favor de los monopolios norteamericanos después de la Segunda Guerra Mundial. *De ahí en adelante* el *imperio* se ha dedicado a perfeccionar su posesión colonial y a estructurar las cosas lo mejor posible para *evitar* que *penetren* los viejos o nuevos *competidores* de otros países imperialistas. Todo esto *da por resultado* una economía monstruosamente *distorsionada*, que ha sido *descrita* por los economistas del *régimen* imperial con una frase *inocua*, demostrativa de la profunda *piedad* que nos tienen a nosotros, los seres inferiores: "subdesarrollados."

VOCABULARIO

siglo, m. century
a la zaga behind
acontecimiento, m. event
advertir to notice, to observe
inversión, f. investment
capital, m. capital (econ.)
trasladar transfer
convertir to convert
monopolio, m. monopoly
en todo caso in any case, anyway
mantener to maintain

servidumbre, f. servitude
fenómeno, m. phenomenon
cometer to commit
sobrevivir to survive
alianza alliance
fiero fierce
fecundar to fecundate
insensiblemente insensibly; unnoticeably
regalar to give (a gift)
ganacia, f. profit
suma, f. sum

inventir to invest
beneficiado benefited
campo, m. field
infamia, f. infamy
disputa, f. dispute
batalla, f. battle
gigantesco gigantic
consorcio, m. consortium
de ahí en adelante from then
  on

imperio, m. empire
evitar to avoid
penetrar to penetrate
competidor, m. competitor
dar por resultado to result in
distorsionado distorted
describir to describe
régimen, m. regime
inocuo innocuous
piedad, f. pity

PREGUNTAS

1. Según Guevara, ¿los capitalistas han sido generosos con la
   América Latina?
2. ¿Cuál ha sido la causa de muchas guerras en Latinoamérica?
3. ¿Cuál ha sido la relación entre los latifundistas y los capitalistas?
4. ¿Por qué no quieren los Estados Unidos competidores imperialistas en Latinoamérica?

En realidad somos nosotros, los *llamados* "subdesarrollados,"
países coloniales, semi-coloniales o dependientes. Somos países
de economía distorsionada por la acción imperial, que ha
desarrollado *anormalmente* las *ramas* industriales o agrícolas
necesarias para *complementar* su *propia* complicada economía.
El "subdesarrollo," o el desarrollo distorsionado, *conlleva* peli-
grosas *especificaciones* en materias primas, que mantienen
en la *amenaza* del hambre a todos nuestros pueblos. Nosotros,
los "subdesarrollados," somos también los del *monocultivo*,
los del monoproducto, los del *monomercado*. Un producto
único cuya *incierta venta* depende de un mercado *único* que
impone y *fija* condiciones, he aquí la gran fórmula de la dominación económica imperial, que se junta con la vieja y eterna-
mente *joven divisa* romana, *divide e impera.*
El latifundio, pues, a través de sus *conexiones* con el

imperialismo, es la base del llamado "subdesarrollo" que da
por resultado los bajos salarios y *desempleo*. Este fenómeno
de bajos salarios y desempleo es un círculo *vicioso* que da
cada vez más bajos salarios y cada vez más desempleo, según
se *agudizan* las grandes contradicciones del sistema y, constantemente a *merced de* las variaciones *cíclicas* de su economía, crean lo que es el *denominador común* de los pueblos
de América, desde el *río Bravo* al Polo Sur. Ese denominador
común, que sirve de base de análisis para todos los que
piensan en estos fenómenos sociales, se llama HAMBRE DEL
PUEBLO, *cansancio* de estar oprimido, *vejado*, explotado al
máximo, cansancio de vender día a día miserablemente la
fuerza de trabajo para que se *exprima* de cada cuerpo humano
el máximo de *utilidades, derrochadas* luego en las *orgías* de
los dueños del capital.

Vemos, pues, como hay grandes y claros denominadores
comunes de América Latina, y como no podemos nosotros
decir que en Cuba hemos estado *exentos* de ninguno de estos
factores que resultan en la terrible y permanente hambre del
pueblo. El latifundio, ya como forma de explotación primitiva,
ya como expresión de monopolio capitalista de la tierra, se
conforma a las nuevas condiciones y se *alía* al imperialismo
económico, *eufemísticamente* llamado "subdesarrollo," que
da por resultado el bajo salario, el subempleo, el desempleo;
el hambre de los pueblos. Todo existía en Cuba. Aquí también
había hambre, aquí había uno de los *porcentajes* de desempleo
más alto de América Latina, aquí el imperialismo era más *feroz*
que en muchos de los países de América y aquí el latifundio
existía con tanta fuerza como en cualquier país hermano.

VOCABULARIO

llamado, *here*, "so-called"
anormalmente abnormally
rama, f. branch
complementar to complement

conllevar to carry with (it);
to bear with (it)
especificación, f. specification;
specialization

amenaza, f. menace

monocultivo, m. monocultivation, single crop

monomercado, m. single market

incierto uncertain

venta, f. sale

único single, sole

imponer to impose

fijar to fix

joven young

divisa motto; ideal

divide e impera divide and rule

conexión, f. connection

desempleo, m. unemployment

vicioso vicious

cada vez más (bajos) lower and lower

agudizar to sharpen; to aggravate

a merced de at the mercy of

cíclico cyclic

denominador común, m. common denominator

río Bravo Rio Grande (border between Mexico and Texas)

cansancio, m. fatigue, tiredness

vejar to annoy

al máximo to the maximum

exprimir to squeeze

utilidad, f. usefulness; profit

derrochar squander

orgía, f. orgy

exento exempt, free

conformar to conform

aliar to ally

eufemísticamente euphemistically

porcentaje, m. percentage

feroz fierce

PREGUNTAS

1. ¿Qué quiere decir "subdesarrollado," según Guevara?
2. ¿Cómo dividen los imperialistas a la América Latina?
3. ¿Cómo funciona el "círculo vicioso" de que habla Guevara?
4. ¿Qué representa Cuba para el futuro de Latinoamérica, según Guevara?

EL HOMBRE NUEVO

En este período de construcción del socialismo podemos ver el hombre nuevo que va naciendo. Su imagen no está todavía *acabada*, porque el proceso *marcha* paralelo al desarrollo de formas económicas nuevas. *Descontando* aquellos cuya falta de educación social los lleva al *camino* solitario, a la *autosatisfacción* de sus ambiciones, los hay que aún dentro de este nuevo panorama de marcha *conjunta*, tienen *tendencia* a caminar *aislados* de la masa que *acompañan*. Lo importante es que los hombres van *adquiriendo* cada día más conciencia de la necesidad de su *incorporación* a la sociedad y, al mismo tiempo, de su importancia como *motores* de la misma.

Ya no marchan completamente solos, por caminos *extraviados*, hacia *lejanos* deseos. Siguen a su vanguardia, constituida por el *Partido*, por los obreros *de avanzada*, por los hombres de avanzada que caminan unidos a las masas y en comunión con ellas. Las vanguardias tienen su vista puesta en el futuro y en su *recompensa* pero ésta no se ve como algo individual; el *gremio* es la nueva sociedad donde los hombres tendrán características distintas: la sociedad del hombre comunista.

EL TRABAJO

El trabajo debe adquirir una condición nueva; la *mercancía hombre* cesa de existir y se instala un sistema que *otorga* una *cuota* por el *cumplimiento* del deber social. Los medios de producción *pertenecen* a la sociedad y la máquina es sólo la *trinchera* donde se cumple el deber. El hombre comienza a liberarse de la necesidad de satisfacer sus necesidades animales *mediante* el trabajo. Empieza a verse *retratado* en su obra y a comprender su magnitud humana *a través del* objeto creado, del trabajo *realizado*. Esto ya no consiste en dejar una parte de su ser en forma de fuerza de trabajo vendida, que no le pertenece más, sino que significa una *emanación* de sí mismo, un *aporte* a la vida común en que *se refleja*; el cumplimiento de su deber social.

Hacemos todo lo posible por darle al trabajo esta nueva categoría de deber social y unirlo al desarrollo de la técnica, *por un lado*, lo que dará condiciones para una mayor libertad, y al trabajo voluntario por otro, basados en la idea marxista de que el hombre realmente *alcanza* su *plena* condición humana cuando produce sin *compulsión* de la necesidad física de venderse como mercancía.

VOCABULARIO

acabar to finish, to complete
marchar to march
descontar to discount; to not count
camino, m. road, route, way
autosatisfacción, f. self-satisfaction
conjunto joined; allied, united
tendencia, f. tendency
aislado isolated
acompañar to accompany
adquirir to acquire
incorporación, f. incorporation
motor, m. motor; prime mover
extraviado lost, astray
lejano distant
Partido, m. political party
de avanzada advanced, of the vanguard
recompensa, f. compensation
gremio, m. union, association

mercancía hombre, f. merchandise-man, man as merchandise
instalar to install
otorgar to grant; to confer
cuota, f. quota
cumplimiento, m. fulfillment
pertenecer to belong
trinchera, f. trench
mediante through, by means of
retratar to portray
a través de through
realizar to carry out, to fulfill
emanación, f. emanation
aporte, m. contribution
reflejarse to be reflected
por un lado on the one hand
alcanzar to reach, to attain
pleno full
compulsión, f. compulsion

PREGUNTAS

1. Según Guevara, ¿cuál es la relación ideal entre el hombre y la sociedad?
2. ¿Cuáles son los métodos que se usan para crear esa relación?
3. ¿Cuál es la relación ideal entre el hombre y su trabajo?
4. ¿Cómo es distinto el "hombre nuevo" del hombre de una sociedad industrializada y capitalista?

EL ARTE Y LA SOCIEDAD

Desde hace mucho el hombre trata de liberarse de la *enajenación* mediante la cultura y el arte. Muere *diariamente* las ocho horas o más en que *actúa* como mercancía para *resucitar* después en su creación espiritual. Pero este *remedio* tiene los *gérmenes* de la misma *enfermedad*; es un ser solitario el que busca comunión con la naturaleza. *Defiende* su individualidad *oprimida* por el sistema y *reacciona* ante las ideas estéticas como un ser único cuya aspiración es *permanecer inmaculado*.

Se trata sólo de un *intento* de *fuga*. La ley del *valor* no es ya un *mero* reflejo de las relaciones de producción; los capitalistas monopolistas *rodean* esa ley de una estructura complicada que la *convierte* en una *sierva dócil*, aún cuando los métodos que *emplean* sean puramente *empíricos*. La *superestructura impone* un tipo de arte en el cual hay que educar a los artistas. Los rebeldes son dominados por la maquinaria y sólo los talentos excepcionales podrán crear su propia obra. Los *restantes devienen asalariados vergonzantes* o son *triturados*.

Se inventa la libre investigación artística para crear la ilusión de libertad, pero esta "investigación" tiene sus límites, imperceptibles hasta el momento de *chocar* con ellos; es decir, de *plantearse* los reales problemas del hombre y su enajenación.

La *angustia* sin sentido o el *pasatiempo* vulgar *constituyen* *válvulas cómodas* a la *inquietud* humana; se *combate* la idea de hacer del arte un *arma* de *denuncia*.

Si se *respetan* las leyes del *juego* se consiguen todos los *honores;* los que podría tener un *mono* al inventar *piruetas.* La condición es no tratar de escapar a la *jaula* invisible.

VOCABULARIO

desde hace mucho for a long time now
enajenación, f. alienation
diariamente daily
actuar to act, to function
resucitar to revive, to resuscitate
remedio, m. remedy
germen, m. germ
enfermedad, f. sickness
defender to defend
oprimir to oppress
reaccionar to react
permanecer to remain
inmaculado immaculate
intento, m. attempt
fuga, f. flight, escape
valor value, price
mero mere
rodear to surround
convertir to convert
sierva, f. slave
dócil docile
emplear to use, to employ
empírico empirical
superestructura, f. superstructure

imponer to impose
restante, m. rest, remainder
devenir to become
asalariado, m. wage earner
vergonzante shamefaced; begging
triturar to crush; to abuse
chocar to collide
plantear to state, to expound
angustia, f. anguish
pasatiempo, m. pastime
constituir to constitute
válvula, f. valve
cómodo comfortable
inquietud, f. disquiet, restlessness, uneasiness
combatir to combat
arma, f. weapon
denuncia, f. denunciation
respetar to respect
juego, m. game
mono, m. monkey
pirueta, f. pirouette
jaula, f. cell, jail

PREGUNTAS

1. ¿Cómo se relaciona el arte a la economía en una sociedad capitalista?
2. ¿Por qué tratan de afirmar su individualidad los artistas?
3. ¿Por qué no quieren hacer un arte de combate social los artistas?
4. ¿Cuál sería la función ideal del arte en una sociedad socialista, según diría Guevara?

Diario del "Che" en Bolivia
1966-67 (fragmentos)

Noviembre 12, 1966
Día sin novedad alguna. Hicimos una breve exploración para preparar el *terreno destinado* a *campamento* cuando llegan los 6 del segundo grupo. La zona *elegida* está a unos 100 *metros* del principio de la *tumba*, sobre un *montículo*, y cerca hay una *hondonada* en la que se pueden hacer *cuevas* para guardar *comida* y otros objetos. En este momento debe estar llegando el primero de los tres grupos de a dos en que se divide la *partida*. A *fines de* la semana que empieza deben llegar a la *finca*. Mi *pelo* está creciendo, aunque muy *ralo* y las *canas* se vuelven rubias y comienzan a desaparecer; me nace la *barba*. Dentro de un par de meses volveré a ser yo.

Noviembre 13, 1966
Domingo. Algunos *cazadores* pasan por nuestro *compamento*; *peones* de Argañaraz. Son hombres de *monte*, jóvenes y *solteros*, ideales para ser *reclutados* y que le tienen un odio concentrado a su *patrón*. Informaron que a 8 leguas, por el

río, hay casas y que el río tiene algunas *quebradas* con agua. No hay otra novedad.

Noviembre 14, 1966
Una semana de campamento. Pachungo parece algo *inadaptado* y triste, pero debe *recuperarse.* Hoy comenzamos una excavación para hacer un *túnel* y meter en él todo lo que pueda ser *comprometedor;* lo *disimularemos* con un *enrejado* de *palos* y lo defenderemos de la *humedad* lo más posible. Ya está hecho el *pozo* de metro y medio y comenzado el túnel.

Abril 12, 1967
A las 6.30 *reuní* a todos los combatientes menos los 4 de la *resaca* para hacer una pequeña recordación del Rubio y decir que la primera sangre derramada fué cubana. Les critiqué una tendencia observada en la *vanguardia* a *menospreciar* a los cubanos y que había cristalizado ayer al decir el Camba que cada vez *confiaba* menos en los cubanos, a causa de un incidente con Ricardo. Hice un nuevo *llamado* a la unidad como única posibilidad de desarrollar nuestro ejército, que *aumenta* su poder de fuego y se *foguea* en combates, pero no ve aumentar su número, sino *al contrario, disminuye* en los últimos dias.

Luego de guardar todo el *botín* en una cueva bien condicionada por el Nato, salimos a las 14, con *paso* lento. Tan lento que casi no avanzamos, debiendo dormir en una pequeña *aguada,* apenas comenzando el camino.

Ahora los muertos *confesos* del ejército son 11; parece que encontraron algún otro o murió uno de los heridos. Comencé un cursillo sobre el libro de Debray.

Abril 13, 1967
Los norteamericanos anuncian que el *envío* de *asesores* a Bolivia responde a un viejo plan y *no tiene nada que ver con* las guerrillas. Quizás estamos *asistiendo* al primer episodio de un nuevo Vietnam.

VOCABULARIO

terreno, m. terrain, ground
destinar to destine
campamento, m. encampment
elegido elected; selected
metro, m. meter
tumba, f. tomb
montículo, m. small mound, small rise
hondonada, f. bottomland, gully
cueva, f. cave
comida, f. food
partida, f. party, group
a fines de at the end of
finca, f. plantation, large farm
pelo, m. hair
ralo, m. sparse, thin
cana, f. white hair
barba, f. beard
cazador, m. hunter
peón, m. peon, laborer
monte, m. mountain
soltero, m. bachelor
reclutar to recruit
patrón, m. boss
legua, f. league
quebrada, f. gorge, ravine
inadaptado unadapted
recuperar to recuperate
túnel, m. tunnel
compremetedor compromising
disimular to hide; to disguise

enrejado, m. curtain; weaving
palo, m. stick
humedad, f. humidity
pozo, m. well; pit
reunir to assemble
resaca, f. scouting or guarding party
recordación, f. remembrance
derramar to spill
vanguardia, f. vanguard
menospreciar to belittle, to "put down"
confiar to trust
llamado, m. call
aumentar to augment, to increase
fuego, m. gunfire
foguear to accustom to the smell of gunpowder
al contrario on the contrary
disminuir to diminish, to decrease
botín, m. booty; supplies
paso, m. pace
aguada, f. spring, water hole
confeso admitted
envío, m. shipment
asesor, m. adviser
no tener nada que ver con to not have anything to do with
asistir to attend, to be present

PREGUNTAS

1. ¿Cuáles son algunas de las características ideales para un guerrillero?

2. ¿Por qué piensa Guevara que tal vez asista al principio de
   un nuevo Vietnam?
3. ¿Cuál es la función del discurso que da Guevara al grupo y
   del curso sobre el libro de Debray?

Resumen del mes—Agosto, 1967
Fue, sin duda, el mes más malo que hemos tenido en toda la
guerra. La pérdida de todas las cuevas con sus documentos y
medicamentos fué un golpe duro, sobre todo psicológico. La
pérdida de 2 hombres en la última parte del mes y la *subsiguiente* marcha a carne de caballo *desmoralizó* a la gente,
planteándose el primer *caso* de abandono, el Camba, lo que
no constituye sino una *ganancia neta*, pero no en esta circuns-
tancia. La falta de contacto con el exterior y con el grupo de
Joaquín y el hecho de que *prisioneros hechos* a *éste* hayan
hablado, también desmoralizó un poco a la *tropa*. Mi enfermedad creó la incertidumbre en varios más y todo esto se
reflejó en nuestro único *encuentro*, en que debíamos haber
causado varias *bajas* al enemigo y sólo le hicimos un herido.
Por otra parte la difícil marcha por las *lomas* sin agua, hizo
evidente algunos *rasgos* negativos de la gente.
   Las características más importantes:
   1° Seguimos sin contacto de ninguna *especie* y sin *razonable*
esperanza de establecerlo en *fecha próxima*.
   2° Seguimos sin *incorporación* campesina, cosa lógica si se
tiene en cuenta el poco *trato* que hemos tenido con éstos en
los últimos tiempos.
   3° Hay un *decaimiento*, espero que *momentáneo*, de la
moral combativa.
   4° El *Ejército* no aumenta su *efectividad* ni *acometividad*.
   Estamos en un momento de baja de nuestra moral y de
nuestra *leyenda* revolucionaria. Las *tareas* más urgentes siguen
siendo las mismas del mes pasado: *Restablecer* los contactos;
incorporar combatientes, *abastecernos* de medicina y *equipo*.

Hay que considerar que *despuntan* cada vez más firmemente como ejemplos revolucionarios y militares Inti y Coco.

Septiembre 24, 1967
Llegamos al rancho llamado Loma Larga, yo con un ataque al *hígado, vomitando*, y la gente muy *agotada* por *caminatas* que no producen nada. Decidí pasar la noche en el *entronque* del camino a Pujío y se mató un *puerco* vendido por el único campesino que quedó en su casa: Sóstenes Vargas; el resto *huye* al vernos.

Septiembre 25, 1967
Temprano llegamos a Pujío pero allí había gente que nos había visto abajo el día anterior; es decir estamos siendo *previstos* por radio Bemba. Pujío es un pueblito *situado* en un *alto* y la gente que huyó al vernos, después se fue *acercando* y nos *trató* bien. Por la *madrugada* se había ido un *carabinero* que vino a *tomar preso* a un *deudor* desde Serrano en Chuquisaca; estamos en un punto donde *convergen* los 3 *departamentos*. El caminar con *mulas* se hace peligroso, pero trato de que el *Médico* siga lo mejor posible, pues viene muy *débil*. Los campesinos dicen ignorar de Ejército en toda esta zona.

VOCABULARIO

subsiguiente subsequent
desmoralizar to demoralize
caso, m. case
ganancia neta, f. net gain
prisioneros hechos a éste
  prisoners taken from him
tropa, f. troops
encuentro, m. encounter
baja, f. casualty
loma, f. hill
rasgo, m. characteristic
especie, f. species, type, kind

razonable reasonable
fecha próxima, f. close date, near future
incorporación, f. incorporation; participation
tener en cuenta to take into account
trato, m. treatment; business; communication
decaimento, m. decrease; downfall
momentáneo temporary

moral combativa, f.   fighting morale
Ejército, m.   army (*here*, the government's army)
efectividad, f.   effectiveness
acometividad, f.   aggressiveness
leyenda, f.   legend
tarea, f.   task
restablecer   to re-establish
incorporar   to incorporate
abastecer   to supply
equipo, m.   equipment
despuntar   to stand out
hígado, m.   liver
vomitar   to vomit
agotar   to exhaust
caminata, f.   hike, long walk
entronque, m.   junction
puerco, m.   pig

campesino, m.   peasant
huir   to flee
temprano   early
prever   to foresee
situar   to situate
alto, m.   high place
acercar   to get near
tratar   to treat
madrugada, f.   very early morning
carabinero, m.   policeman
tomar preso   to take prisoner
deudor, m.   debtor
converger   to converge
departamento, m.   province
mula, f.   mule
Médico, m.   doctor
débil   weak

PREGUNTAS

1. ¿Por qué no hay incorporación campesina en el grupo?
2. ¿Cuáles son los peligros que resultan de esa situación?
3. ¿Es posible un movimiento guerrillero sin cooperación del pueblo?
4. ¿Cuáles son los problemas internos del grupo?

EDMUNDO DESNOES

Edmundo Desnoes nació en la Habana en 1930. Vivió durante algunos años en los Estados Unidos, pero regresó a Cuba en 1959, con el triunfo de la revolución. Su primera novela *No hay problemas* fué publicada en 1961. Obtuvo un gran éxito con su famosa novela *Memorias del subdesarrollo* publicada en 1965, que se tradujo al inglés en los Estados Unidos y de la que se hizo una adaptación cinematográfica en Cuba, dirigida por Gutiérrez Alea. Desnoes además de novelista es un distinguido ensayista y un ardiente propagandista de la Revolución cubana.

Las armas secretas
1969 *(fragmento)*

Somos y no somos. Todos juntos—es una verdad muy sabida— *sumamos* dos mil millones de hombres que, invisibles casi, *cubren* la tierra—eso, a pesar de que nos han querido *convencer* de que son las *pinturas* Sherwin Williams las que cubren con su rojo Coca-Cola todo el planeta. *Ocupamos* el *ancho cinturón* tropical del mundo, y son muchos los que trabajan bajo la tierra, en las minas de diamantes, o *sudando* entre un *verdor perpetuo*. Somos la *mayoría* de la humanidad y apenas tenemos voz ni *voto*. Las armas de *hierro* y fuego nos mantienen trabajando como negros para el inglés; en el *atraso*, la ignorancia y el hambre. Junto al *saqueo* de nuestros *recursos* naturales y humanos nos quieren también *robar* el alma con armas secretas: los *medios masivos de comunicación* que derraman sobre todo el mundo *mitos* y *valores* que *chocan* muchas veces con los intereses más auténticos del mundo subdesarrollado. Desde la *prepotencia* de ciertos *antepasados grecolatinos* ya *denunciada* por Martí: "Nuestra Grecia es preferible a la que no es nuestra. . . . *Injértese* en nuestras repúblicas el mundo; pero el *tronco* ha de ser el de nuestras repúblicas." Hasta la belleza rubia y blanca que *agudiza* el *complejo* de inferioridad de los colonizados *morenos,* negros, amarillos y *mestizos.* . . . Tal vez contra esa injusticia que sonríe irónicamente a través del tiempo en la Mona Lisa se rebeló el oscuro boliviano que *lanzó* una piedra contra la Gioconda en El Louvre. La prensa *hizo circular* la noticia por todo el mundo a *mediados* de la década del cincuenta: un *bárbaro,* un loco había osado atacar la *obra maestra* del Renacimiento italiano. Le dejó un *rasguño* en el brazo. Quiero verlo como la protesta *sorda* e inconsciente del llamado tercer mundo; contra un primer mundo que quiere la misma *eternidad* que *fingen* las duras rocas que detrás *enmarcan* la estúpida sonrisa de la *dama* florentina.

Pero no es sólo la Mona Lisa y Marilyn Monroe, la libertad *burguesa* y el Cadillac, es también nuestra propia imagen la que aparece deformada por la *prensa,* el radio y el *cine* de los países altamente industrializados. O somos puro *paisaje* o somos criados *sumisos* y *torpes*—y si nos rebelamos, somos crueles y *sanguinarios.* Gungha Din, el *aguador* del imperio británico, traicionando a sus hermanos, muerto de amor por los colonizadores; Tonto, el torpe y sumiso mexicano que habla muy mal inglés pero sirve *fielmente* a John Wayne. Esta humillación llegó al absurdo en la infancia de Stokely Carmichael: "Recuerdo que cuando niño iba los sábados a ver *películas* de Tarzán. El Tarzán blanco *derrotaba* a los negros nativos. Yo me sentaba y gritaba: "¡Mata a las bestias, mata a los *salvajes!*"; y en realidad yo estaba diciendo: "¡Mátame!"

VOCABULARIO

sumar to total	**pintura,** f. paint
cubrir to cover	**ocupar** to occupy
convencer to convince	**ancho** wide

cinturón, m. belt
sudar to sweat
verdor, m. greenness
perpetuo perpetual
mayoría, f. majority
voto, m. vote
hierro, m. iron
atraso, m. backwardness
saqueo, m. sacking, robbing
recurso, m. resource
robar to rob, to steal
medios masivos de comunicación
  mass communication media
mito, m. myth
valor, m. value
chocar to hit against
prepotencia, f. preponderance
antepasado, m. ancestor
grecolatino Greco-Roman
denunciar to denounce
injertar to graft a plant
tronco, m. trunk
agudizar to sharpen
complejo, m. complex
moreno, m. dark- or tan-
  skinned
mestizo, m. a person of racial
  mixture

sonreir to smile
lanzar to throw
hacer circular to circulate
  (something); to make known
a mediados in the middle
bárbaro, m. barbarian
osar to dare
obra maestra masterpiece
rasguño, m. scratch
sordo deaf
eternidad, f. eternity
fingir to pretend
enmarcar to frame
dama, f. lady
burgués bourgeois
prensa, f. press
cine, m. movies
paisaje, m. landscape
sumiso submissive
torpe clumsy
sanguinario bloody
aguador, m. water carrier
fielmente faithfully
película, f. film
derrotar to defeat
salvaje, m. savage

PREGUNTAS

1. ¿Cuáles son las "armas secretas" de que habla Desnoes?
2. ¿Cómo forman parte del neocolonialismo?
3. ¿Por qué dice que la "Mona Lisa" tiene una sonrisa "estú-
    pida"?
4. ¿Por qué odia a Marilyn Monroe?

TRES
POETAS
CUBANOS

HEBERTO PADILLA

MIGUEL BARNET

NANCY MOREJÓN

HEBERTO PADILLA
(nació en 1932)

Canción

Duerme,
mi *guerrillera*.
La vida *sigue en pie*.
Por los caminos
tus ojos todavía *resplandecen*.
Unos ojos
vigilan por los tuyos,
otros ojos
vigilan por los míos.

Duerme
yo quiero que mi *pecho*
sea la tierra viva
de tu sueño.

Duerme,
desmontemos la *trampa*
de la muerte como un fusil.
Déjame
que te cante, mi niña alerta,
mi soldado,
esta canción de amor,
esta simple canción.

VOCABULARIO

guerrillera, f.   female guerrilla fighter

seguir en pie   to continue, to go on

resplandecer   to shine

vigilar   to watch over, to keep guard

pecho, m.   chest, breast

desmontar   to uncock; to take apart

trampa, f.   trap

Como un animal

Como un animal
viniste a *lamer a lo largo* de mi vida
para verme escribir
o *desertar* cada mañana.

Por las noches
viniste a *traicionarme*,
a *escupir* sobre mi cara,
a *morderme*.

Miseria, mi animal,
ya hemos *hecho justicia*.

Entre los *cubos* de *basura*
de mi pueblo, sin nada que comer
en el *fondo*; entre las *gatas*
que me miraban con tus ojos
y el dolor de una vida que *escocía*
para perderme,
tú te *instalabas* cada noche.

Ahora puedo *mentarte*
con piedad, ahora mi mano

se *hunde* en la Revolución
y escribe sin *rencores;*
ahora *golpeo*
la mesa con un *puño*
alegre y seguro.

¡Ya hemos hecho justicia!

VOCABULARIO

lamer   to lick
a lo largo   along the length
desertar   to desert
traicionar   betray
escupir   to spit
morder   to bite
hacer justicia   to do justice
cubo, m.   pail, bucket
basura, f.   trash, garbage
fondo, m.   bottom

gata, f.   female cat
escocer   to smart; to cause
   sharp pain
instalar   to install
mentar   (*lit.* to mention) to
   insult; to curse
hundir   to sink
rencor, m.   rancor, grudge
golpear   to hit, to give blows to
puño, m.   fist

MIGUEL BARNET
(nació en 1940)

Epitafio

A usted mi abuelo
A sus malas palabras
A sus *cólicos agudos*
A las *célebres* egoístas *uvas* de su *Nochebuena*
A su cama rígida
y los *bordados* japoneses

A usted *bondadoso*
A quien recuerdo tanto
y agradezco *sellos* y *blasfemias*
Para que *descanse* en paz
con la tierra y mi abuelita
dedico esta inscripción sagrada:

PATRIA O MUERTE
AMEN

VOCABULARIO

cólico, m. colic
agudo sharp
célebre celebrated, renowned
uva, f. grape
Nochebuena, f. Christmas Eve

bordado, m. embroidery
bondadoso kind; generous
sello, m. stamp; postage stamp
blasfemia, m. blasphemy
descansar to rest

NANCY MOREJÓN
(nació en 1944)

Parque
Central
alguna gente

el que *atraviesa* un *parque* en La Habana grande y *floreciente*
con mucha luz blanca mucha luz blanca
que hubiera *enloquecido* al *girasol* de aquel Van Gogh
esa luz blanca que llena los ojos de los chinos de los chinos
    fotógrafos

el que atraviesa un parque y no comprende esa luz blanca que
    se repite casi
el que no entiende de esas horas
da todos los *rodeos* innecesarios y todas las *vueltas*
alrededor del parque central de La Habana
el que atraviesa un parque con árboles *sagrados*
el que pasa con los ojos abiertos y cerrados
amando el golpe de la Revolución en los ojos
el golpe que se llevó en los ojos y en la *cintura*
el que se sostiene de esa luz *puede que sepa* de la noche y
    el vino

porque en los parques y en éste que es central el de La Habana
los viejos se sientan en un *banco encienden* un tabaco se miran
    y conversan de la Revolución y de Fidel
los viejos que ahora permanecen en un banco y toman
el sol y toman el sol y toman el sol
para nadie es secreto
allá van dos hombres y una *cartera* vieja *destartalada*
una mano *regordeta* un grito con un sombrero gris
los viejos que se ven al lado de una *estatua*

111

del apóstol Martí en 1966 en diciembre de 1966 *acabándose*
  el año y esperando
"el aniversario de la libertad y *rindiendo homenaje* a los
  mártires" si
a todos los hombres que murieron del pueblo y su sangre
para tomar el sol de la tarde en La Habana Cuba territorio libre
  de América

el que atraviesa en esa forma el parque este mundo la *vejiga*
  de la Revolución
tiene que *suspirar*
y andar *despacio* y respirar
y andar *ligero* y suspirar y respirar y andar despacio
y dar toda la vida

rabiosamente

                    compañeros

VOCABULARIO

atravesar to cross through
parque, m. park
floreciente flowering, flowery
enloquecer to go crazy
girasol, m. sunflower
rodeo, m. the act of going
  around
vuelta, f. turn; circuit
alrededor around
sagrado sacred
cintura, f. waist
puede que sepa may know,
  might know
banco, m. bench

encender to light
cartera, f. wallet; briefcase
destartalado shabby
regordeta plump, chubby
estatua, f. statue
acabar to end, to finish
rendir to offer, to offer up
homenaje, m. homage
mártir, m. martyr
vejiga, f. bladder
suspirar to sigh
despacio slowly
ligero lightly; swiftly
rabiosamente furiously, ragingly

LA
EXPERIENCIA
CHILENA

Iquique

Antofagasta

CHILE

Valparaíso
★
SANTIAGO

Concepción

Temuco

CHILE

Punta
Arenas

N

SCALE OF MILES

0 25 50 100   200   400

Desde la independencia de España en 1818, Chile constituyó uno de los países más estables de América Latina. A ello contribuyó la homogeneidad étnica y cultural del país, con una clase dirigente y media de origen europeo y una base popular mestiza, con una minoría india al sur. En 1833, el ministro conservador Diego Portales estableció una Constitución, que vino a servir perfectamente los intereses de la oligarquía chilena sobre todo en el siglo XIX. La agricultura y el comercio constituyeron la base de la economía chilena al principio del siglo XIX y a ello vino a unirse la minería, de tal modo que ya a partir de 1850, Chile era el primer país productor de cobre del mundo. Posteriormente cuando en la zona norte de Chile se descubrieron yacimientos de nitrato, se inició la guerra del Pacífico que duró de 1879 a 1883 y que acabó con la derrota del Perú y Bolivia ante las fuerzas armadas chilenas, entrenadas por oficiales alemanes. Como resultado de esta victoria, Chile se anexionó la zona sur del Perú en litigio y así mismo la costa boliviana, con todos los yacimientos de nitrato de la zona.

Por ello a principios de 1900, Chile era uno de los países más avanzados de Latinoamérica, en competición con Argentina y Brasil y aparentemente con un prometedor futuro económico. Pero la brillante apariencia ocultaba una realidad más desagradable. Durante todo el siglo XIX y principios del XX, el cobre, la incipiente industria y el comercio estuvieron en manos del capital británico que prácticamente controlaba el desarrollo chileno, en estrecha alianza con la oligarquía chilena. En 1904, diversas compañías americanas como la Anaconda y la Kennecott empezaron a invertir capital en la explotación de las minas de cobre, de tal forma que en 1914 todo el cobre chileno estaba en manos norteamericanas. Así que al control económico de los ingleses, lo substituyó el control norteamericano que domina los yacimientos minerales no sólo del cobre, sino también del hierro y del nitrato, además de las más importantes industrias del país. Se ha calculado que los beneficios obtenidos por las compañías americanas desde 1906 a 1971, se elevan a la cifra de 10.8 billones de dólares, lo que supera al producto nacional neto de Chile en sus cuatrocientos años de historia.

Este neo-colonialismo económico y el hecho de que la

minoría dirigente chilena, un 5 por ciento de la población, controlase los medios de producción, hizo que la clase obrera de Chile comenzara a organizarse a principios del siglo XX bajo el mando del dirigente obrero Luis Emilio Recabarren. La clase media, un 25 por ciento del total, intentó diversas reformas muy modestas bajo los presidentes Arturo Alessandri y Eduardo Frei, para acabar pactando con la clase en el poder y los intereses norteamericanos.

Por todas estas razones los partidos de la clase obrera ya desde 1930, comenzaron a organizarse en Frentes Populares, hasta que obtuvieron la victoria en 1970. Pero incluso las reformas legales del Presidente Allende eran demasiado para la tradicional oligarquía chilena, que vió atacados sus privilegios y los de los intereses norteamericanos y por eso en septiembre de 1973, con el apoyo de la CIA y la secretaría de Estado en Washington a las órdenes de Henry Kissinger, el ejército chileno—que tenía el precedente del derrocamiento del Presidente Balmaceda en 1891—acabó con el régimen popular, implantando una dictadura fascista.

PABLO DE ROKHA

Pablo de Rokha, cuyo verdadero nombre era Carlos Díaz, nació en Chile en 1894. Desde 1906 a 1911 estudió en un seminario que abandonó, para dedicarse a la bohemia y a colaborar en los periódicos, escribiendo sus primeros poemas. En 1916 se casó con una poetisa que tambien adoptaría un pseudónimo, Winett, y se dedicó a la agricultura, que alternaba con la poesía. En 1933 se hizo miembro del Partido Comunista chileno, abandonándolo en 1940, pero continuando siendo marxista. De 1940 a 1969, recorrió toda América desde los Estados Unidos a la Argentina. En 1964 hizo un viaje a la China, invitado por el govierno de Mao-Tse-tung. En 1968 se suicidó. Pablo de Rokha fué un poeta de producción abundantísima y un polemista agresivo y desaforado. Su poesía de exaltación proletaria generalmente adopta un tono épico y grandilocuente.

Yanquilandia
1922 *(fragmentos)*

Nacimientos por teléfono, *defunciones* por teléfono, *matrimonios* por teléfono, toda la *epopeya*, toda por teléfono, *enamorarse* radiotelegráficamente, vivir y morir en aeroplano, 100, 200 kilómetros sobre el *nivel* de los viejos valores humanos, los viejos valores humanos, existir a máquina, conocer a máquina, recordar a máquina, ver a máquina, a máquina, el *espectáculo* gris de los *ángulos*, triángulos o polígonos rectangulares, horizontales que *resumen* la *augusta* psicología cósmica, según las *pupilas* matemáticas del *súbdito* yanqui, *mesura* los fenómenos sentimentales, intelectuales, *sensacionales*, adoptando el sistema métrico-decimal como unidad inicial y el dólar como fin, casarse por sport, matarse por sport, hacer *réclame* a los pechos divinos de las niñas y al *vientre* de la *viuda*, ir *cinematografiándose* a *lo largo de* las tristezas

117

diarias convertido yo, el hombre, yo, el hombre, yo, el hombre convertido en *errantes* panoramas *efímeros*, panoramas efímeros y *temas* azules . . . (—¡País de los divorcios! . . .).

Desenvolviendo melodiosamente sus antenas *tentaculares*, Yanquilandia sonríe con ruidos de serpiente a los *sencillos* americanos del Sur; su ojo enorme, antediluviano, hipnotiza pájaros y animales, ciudadanos y árboles, *nidos,* mujeres, niños, flores y frutos, y, como un reflector gigantesco que *cogiese* todo el sol, todo el sol, ahoga en luz, ahoga en luz, *incendia, calcina* las *vagas* músicas del *paisaje* rural, *eminentísimo*, la oscura flor de la ciudad, situada entre dos grandes premisas: 1.000.000.000.000.000 de dólares y un *cañón* de 100 *pulgadas* . . . sin embargo . . . los *rotitos* de Chile *afilando* sus *corvos* modestamente gruñen: "y en'dey pus iñor. . . ."

John Rockefeller.

(Una vez había un *asno*, una vez había un asno que hablaba y sonreía, sonreía y hablaba lo mismo que hombre; decían, observándole, las viejas *beatas*: asno más asno! . . . y pasaban.

Pero un buen día, murió . . . entonces las viejas beatas vinieron a *rumiar* los excrementos, porque los excrementos eran de oro *sonante* . . .).

U.S.A. Company.

Capital: 1.000.000.000.000.000.000.000.000.000.000 de dólares.

¿Quiere Ud., quiere Ud. *transatlánticos, momias, fetos,* hombres, momias, fetos, hombres, *dínamos,* ferrocarriles, tractores, camiones, motores, *rameras, gusanos,* automóviles, *yodosalina,* catedráticos*, vacas Holstein o Durham, *sabiduría* en inyecciones hipodérmicas, *honradez* a la cocotte, arte puro, arte embotellado por nosotros en las botellas mahometanas del tipo Alah, presidentes especiales, especiales, especiales para Suramérica, o cualquiera otra máquina, animal, manufactura, cosa *por el estilo?* . . .

Escriba a: U.S.A. Company, U.S.A., pidiendo catálogos, pidiendo catálogos, pidiendo catálogos.

VOCABULARIO

nacimiento, m. birth
defunción, f. death
matrimonio, m. marriage
epopeya, f. epic
enamorarse to fall in love
nivel, m. level
espectáculo, m. spectacle
ángulo, m. angle
resumir to repeat; to resume
augusto, august; great
pupila, f. pupil (of the eye)
súbdito, m. subject; underling
mesurar to measure
sensacional sensational
reclamar to allure; to cry unto;
  to reclaim
vientre, m. belly; womb
viuda, f. widow
cinematografiar to film
a lo largo de along the length of
errante errant
efímero ephemeral
tema, m. theme
desenvolver to unroll, to
  unwrap
melodiosamente melodiously
tentacular tentacular
sencillo simple
nido, m. nest
coger to catch, to grasp
ahogar to drown
incendiar to burn

calcinar to calcinate
vago vague
paisaje, m. landscape
eminente eminent
cañón, m. cannon
pulgada, f. inch
rotito, m. (dim. of roto)
  underdog; poor person
afilar to sharpen
corvo, m. pothook
asno, m. ass
beata, f. old woman
rumiar to ruminate; to poke
  around in; to chew
sonante ringing
transatlántico, m. sea-going
  ship
momia, f. mummy
feto, m. fetus
dínamo, m. dynamo
ferrocarril, m. railroad
camión, m. truck
ramera, f. whore
gusano, m. worm
yodosalina, m. iodine
catedrático, m. professor
sabiduría, f. knowledge,
  wisdom
honradez, f. honor
por el estilo like this (that, etc.),
  similar

Pablo Neruda

PABLO NERUDA

Pablo Neruda, cuyo nombre real es Neftalí Ricardo Reyes nació en Chile en 1904, de familia modesta. Empezó a publicar muy joven y desde los primeros poemas su nombre literario, adoptado a los catorce años, se hizo conocido y popular. En 1927 fué elegido como cónsul chileno en diversos países del extremo Oriente, donde permaneció hasta 1935, coincidiendo esta época con su período surrealista. De 1936 a 1939 fué cónsul de Chile en Madrid, asistiendo a la derrota de la República en la guerra civil española, cuya causa defendió. En ese período se convirtió en un decidido anti-fascista. Después de ser cónsul de su país en Mexico de 1940 a 1943, Neruda ingresó en el Partido Comunista chileno en 1945, al que perteneció hasta su muerte. Perseguido por el gobierno chileno, Neruda se vió forzado a vivir en el exilio de 1949 a 1952, residiendo en diferentes países del mundo. En 1970 fué elegido embajador de Chile en Francia por el gobierno del presidente Allende que acababa de ganar las elecciones en octubre y en 1971 recibió el premio Nobel de Literatura. Aproximadamente un año después de la concesión del Premio Nobel, decidió regresar a Chile para ayudar a Allende en las elecciones de Marzo de 1973 y para reponerse de su salud un tanto quebrantada. Las elecciones constituyeron un éxito para la Izquierda y esto precipitó el golpe de estado que derribó al presidente Allende y a su régimen el 11 de septiembre de 1973. Este hecho agravó el estado de salud de Neruda que falleció unos días después del derrocamiento del gobierno legítimo de Chile y de que su casa fuera saqueada por elementos fascistas y conservadores. Pablo Neruda ha sido y es el poeta latinoamericano de más resonancia universal y su extensa producción poética, de calidad desigual, revela siempre un gran talento y una poderosa inspiración.

Los dictadores
1950

Ha quedado un *olor* entre los *cañaverales*:
una *mezcla* de sangre y cuerpo, un penetrante
pétalo *nauseabundo*.
Entre los *cocoteros* las tumbas están llenas
de huesos *demolidos*, de *estertores callados*.
El delicado *sátrapa conversa*
con *copas, cuellos* y *cordones* de oro.
El pequeño palacio *brilla* como un reloj
y las rápidas risas *enguantadas*
atraviesan a veces los *pasillos*
y se reúnen a las voces muertas
y a las bocas azules *frescamente* enterradas.
El llanto está *escondido* como una planta
cuya *semilla* cae sin *cesar* sobre el *suelo*
y hace crecer sin luz sus grandes hojas *ciegas*.
El odio se ha formado *escama* a escama,
golpe a golpe, en el agua terrible de *pantano*,
con un *hocico* lleno de *légamo* y silencio.

VOCABULARIO

olor, m. odor
cañaveral, m. plantation of cane, sugarcane
mezcla, f. mixture
nauseabundo nauseating; nauseous
cocotero, m. cocoa tree
demoler to demolish
estertor, m. stertor; death rattle
callado quiet, silent

sátrapa, m. satrap; crafty leader
conversar to converse
copa, f. shot glass; wine glass
cuello, m. collar
cordón, m. braid
brillar to shine
enguantar to glove
atravesar to cross, to go across
pasillo, m. hallway
frescamente freshly

enterrar to bury
esconder to hide
semilla, f. seed
cesar to cease
suelo, m. ground, soil, earth

ciego blind
escama, f. scale (as on a fish)
pantano, m. marsh, swamp
hocico, m. snout
légamo, m. slime

Que despierte el leñador
1950 *(fragmento)*

Que despierte el *Leñador*.
Que venga Abraham con su *hacha*
y con su *plato* de *madera*
a comer con los *campesinos*.
Que su cabeza de *corteza*,
sus ojos vistos en las *tablas*,
en las *arrugas* de la *encina*,
vuelvan a mirar el mundo
subiendo sobre los *follajes*,
más altos que las sequoias.
Que entre a comprar en las farmacias,
que tome un autobús a Tampa,
que *muerda* una manzana amarilla,
que entre en un cine, que converse
con toda la gente sencilla.

Que despierte el Leñador.

Que venga Abraham, que *hinche*
su vieja *levadura* la tierra
dorada y verde de Illinois,
y levante el hacha en su pueblo
contra los nuevos *esclavistas*,

contra el *látigo* del esclavo,
contra el *veneno* de la *imprenta*,
contra la *mercadería*
sangrienta que quieren vender.
Que marchen cantando y sonriendo
el joven blanco, el joven negro,
contra las *paredes* de oro,
contra el *fabricante* de odio,
contra el mercader de su sangre,
cantando, sonriendo y venciendo.

Que despierte el Leñador.

VOCABULARIO

leñador, m.   woodcutter
hacha, f.   hatchet, ax
plato, m.   plate
madera, f.   wood
campesino, m.   peasant,
   country person
corteza, f.   bark
tabla, f.   board, plank
arruga, f.   wrinkle
encina, f.   live-oak
follaje, m.   foliage

morder   to bite
hinchar   to swell
levadura, f.   yeast
dorado   golden
esclavista, m.   enslaver
látigo, m.   whip
veneno, m.   poison
imprenta, f.   printing press
mercadería, f.   merchandise
pared, f.   wall
fabricante, m.   manufacturer

Oda
al hombre
sencillo

Voy a *contarte* en secreto
quién soy yo,
así, en *voz alta*,

me dirás quién eres,
quiero saber quién eres,
cuánto *ganas*,
en qué *taller* trabajas,
en qué mina,
en qué farmacia,
tengo una obligación terrible
y es saberlo,
saberlo todo,
día y noche saber
cómo te llamas,
ése es mi *oficio*,
conocer una vida
no es bastante
ni conocer todas las vidas
es necesario,
verás,
hay que *desentrañar*,
rascar a fondo
y como en una *tela*
las líneas *ocultaron*,
con el color, la trama
del *tejido*,
yo *borro* los colores
y busco hasta encontrar
el tejido profundo,
así también encuentro
la unidad de los hombres,
y en el pan
busco
más allá de la forma:
me gusta el pan, lo muerdo,
y entonces
veo el *trigo*,
los *trigales tempranos*,
la verde forma de la primavera,
las *raíces*, el agua,

por eso
más allá del pan,
veo la tierra,
la unidad de la tierra,
el agua,
el hombre,
y así todo lo *pruebo*
buscándote
en todo,
ando, *nado, navego*
hasta encontrarte,
y entonces te pregunto
cómo te llamas,
calle y número,
para que tú *recibas*
mis *cartas*,
para que yo te diga
quién soy y cuánto gano,
dónde vivo,
y cómo era mi padre.
Ves tú qué simple soy,
qué simple eres,
no se trata
de nada *complicado*,
yo trabajo contigo,
tú vives, vas y vienes
de un *lado* a otro,
es muy sencillo:
eres la vida,
eres tan transparente
como el agua,
y así soy yo,
mi obligación es ésa:
ser transparente,
cada día
me *educo*,
cada día me *peino*

pensando cómo piensas,
y ando
como tú andas,
como, como tú comes,
tengo en mis brazos a mi amor
como a tu *novia* tú,
y entonces
cuando esto está probado,
cuando somos *iguales*
escribo,
escribo con tu vida y con la mía,
con tu amor y los míos,
con todos tus dolores
y entonces
ya somos diferentes
porque, mi mano en tu *hombro*,
como viejos amigos
te digo en las *orejas*:
no sufras,
ya llega el día,
ven,
ven conmigo,
ven
con todos
los que a ti *se parecen*,
los más sencillos,
ven,
no sufras,
ven conmigo,
porque aunque no lo sepas,
eso yo sí lo sé:
yo sé hacia dónde vamos,
y es ésta la palabra:
no sufras
porque ganaremos,
ganaremos nosotros,
los más sencillos,

ganaremos,
aunque tú no lo creas,
ganaremos.

VOCABULARIO

oda, f. ode
contar to tell, to recount
voz alta, f. out loud, aloud
ganar to earn
taller workshop
oficio, m. craft, trade; job
desentrañar to unravel; figure
  out
rascar to scratch
tela, f. cloth
ocultar to hide
tejido, m. weave, weaving
borrar to erase
trigo, m. wheat
trigal, m. wheatfield
temprano early
raíz, f. root

probar to try
buscar to search, to look for
nadar to swim
navegar to navigate
recibir to receive
carta, f. letter
complicado complicated
lado, m. side
educar to educate
peinar to comb
novia, f. girl friend; fiancée
igual equal, the same
hombro, m. shoulder
oreja, f. ear
parecerse to look like,
  to appear similar

SALVADOR ALLENDE

Salvador Allende nació en Chile en 1908, procedente de una familia de alta clase media. Se doctoró en Medicina en 1932, habiendo estado en la cárcel varias veces por sus actividades revolucionarias durante su época de estudiante universitario. En 1933 fué uno de los fundadores del Partido Socialista de Chile. En 1937 fué elegido diputado por primera vez y de 1938 a 1942 fué ministro de Salud Pública en el gobierno del Frente Popular del presidente Aguirre. Desde 1945 hasta 1970 fué miembro del Senado chileno. Desde 1952, y hasta su elección como presidente de Chile en septiembre de 1970, fué candidato por tres veces a la presidencia de la República. Allende, como representante del Frente Popular, formado por una coalición de todos los partidos de la Izquierda, intentó convertir a Chile en un país socialista, por medio de reformas democráticas, pero se encontró con la implacable oposición de las fuerzas reaccionarias chilenas y del gobierno de los Estados Unidos, que al fin provocaron su caída en septiembre de 1973. La nacionalización de las compañías americanas que controlaban el cobre, que constituye el 80 por ciento de las exportaciones chilenas, es lo que inició el conflicto con el gobierno norteamericano en 1971. Desde entonces todos los créditos económicos, indispensables para toda economía subdesarrollada, le fueron denegados al gobierno de Allende y así mismo el precio del cobre, que se decide en Wall Street, bajó sensiblemente en todos los mercados internacionales. Este bloqueo económico americano apenas disimulado hizo que la inflación, fenómeno habitual en Chile, aumentara considerablemente. A pesar de estos problemas, las elecciones de marzo de 1973 constituyeron un notable éxito para la Izquierda, demostrando así el indudable apoyo popular del régimen de Allende. Este hecho hizo que, después de varias sublevaciones frustradas y de innumerables provocaciones de la derecha, las fuerzas armadas chilenas, ampliamente suministradas y entrenadas por los Estados Unidos, decidieran derrocar al presidente Allende y a su régimen. Esto ocurrió el 11 de septiembre de 1973, fecha en que Salvador Allende fué asesinado al no querer dimitir, estableciéndose una dictadura militar. La figura de Salvador Allende, realzada por su heróica muerte, queda en la historia del continente, como la de un firme mantenedor del socialismo en libertad, lo que le costó la vida, pero que no invalida totalmente su línea política.

Salvador Allende

(Wide World Photos)

RÉGIS
DEBRAY

Régis Debray nació en Paris en 1941, en el seno de una familia burguesa. Estudió en la Universidad de la Sorbonne de París con el filósofo marxista Althusser, graduándose en Filosofía y trasladándose posteriormente a Cuba donde colaboró con la Revolución castrista. En 1967, publicó el libro ¿Revolución en la Revolución? defendiendo la postura cubana. En ese mismo año fué hecho prisionero en Bolivia, cuando se encontraba con la guerrilla de Guevara, que poco después fué asesinado. Debray permaneció en la carcel hasta 1971, en que fué liberado por el gobierno izquierdista del general Torres que poco después fué derrocado. A su salida de la prisión publicó la Conversación con Allende, sobre la experiencia chilena. Actualmente reside en Francia.

Conversación con Salvador Allende
1971   (fragmentos)

DEBRAY. Revolución es destrucción del *aparato* del Estado burgués y su *reemplazo* por otro, y acá no ha pasado eso. Entonces, ¿hay revolución en Chile?

ALLENDE. Perdón, compañero, *vamos por partes. Efectivamente*, el pueblo chileno *escogió* el camino de la Revolución y no hemos olvidado un principio fundamental del marxismo: la lucha de clases. Nosotros dijimos en la *campaña* electoral que nuestra lucha era para cambiar el régimen; el sistema. Que íbamos nosotros a *conquistar* el gobierno para conquistar el poder: hacer las transformaciones revolucionarias que Chile necesita, *romper* la dependencia económica, política y cultural, *sindical*—y ¿qué?, ¿no ha pasado nada? ¿en qué país estás tú? Pero, mira Régis. Nosotros en estos pocos meses que tenemos en el gobierno hemos hecho muchas cosas. Hemos podido

131

hacerlas porque detrás de ellas está la tradición de la clase trabajadora chilena que *empezó* a luchar a fines del siglo pasado y que llegó en este siglo a ser una fuerza poderosa. En 1909 se fundó en Chile la Federación Obrera. Nació como una organización *mutualista*, pero en 1919, con un programa nuevo, se *propone abolir* el régimen capitalista. Debes considerar la tradición de lucha de la clase obrera chilena. En períodos de su desarrollo ha habido *alianzas* con fuerzas de la pequeña burguesía. También en Chile hay partidos de mases que representan *genuinamente* la ideología de la clase obrera. En la actualidad el pueblo está en el gobierno y desde él la *Unidad Popular*, y con una vanguardia formada por dos partidos marxistas, Socialista y Comunista, y por cuatro partidos de *extracción* popular burguesa: Radical y Social Demócrata, el Movimiento Cristiano (MAPU) y la Alianza Popular Independiente (API). Además, el gobierno cuenta con el *apoyo* de la clase trabajadora organizada en la Central Unica de Trabajadores. Este es un gobierno de clase porque la ideología predominante en él es la de la clase trabajadora. En el gobierno no están representados los intereses de la clase *explotadora* y *en cambio* en el *gabinete* hay cuatro obreros. Es con este gobierno que la mayoría del pueblo reemplazará a la minoría que lo gobernó hasta este momento. En cuanto al Estado burgués dentro del momento actual buscamos *superarlo*. ¡*Sobrepasarlo*!

DEBRAY. Pero aquí sigue *intacta* la democracia burguesa. Usted, por ejemplo, tiene el Poder *Ejecutivo*, pero no el Legislativo, el Judicial, ni tampoco el aparato represivo. Esas instituciones no las hizo el proletariado; la Constitución fué hecha por la burguesía para sus propios *fines*.

ALLENDE. Tienes razón, pero escúchame un poquito. ¿Qué dijimos en la campaña electoral? Dijimos que si era difícil ganar la elección y no imposible, más difícil todavía era *construir* un camino nuevo de Chile para Chile. Y hemos dicho que *aprovecharemos* aquellos aspectos de la Constitución actual para crear la nueva Constitución del pueblo. ¿Por qué? Porque en Chile podemos hacerlo. Nosotros presentamos un *proyecto* y *resulta* que el Congreso lo *rechaza*; nosotros vamos al plebiscito. Por ejemplo: nosotros planteamos el problema de que no haya más un Congreso *bicameral* y lo rechaza el Congreso, vamos a un referéndum y lo ganamos, bueno, se acabaron las dos *Cámaras* y tenemos que ir a la Cámara única como lo hemos planteado, ¿y a quién va e *elegir* el pueblo en esa Cámara? *Supongo* que a sus representantes.

VOCABULARIO

aparato, m.   apparatus
remplazo, m.   replacement
vamos por partes   let's go step by step
efectivamente   in fact, truly
escoger   to choose
campaña, f.   campaign
conquistar   to conquer
romper   to break
sindical   union (adj.)
empezar   to begin
mutualista   mutualist
proponer   to propose
abolir   to abolish
alianza, f.   alliance
genuinamente   genuinely
Unidad Popular   Popular Unity (political coalition that supported Allende)
extracción, f.   extraction

apoyo, m.   support, aid
explotador   exploiting
en cambio   on the other hand, in contrast
gabinete, m.   cabinet
superar   to surpass
sobrepasar   to excel, to surpass
intacto   intact
ejecutivo   executive
fin   end, goal
construir   to construct, to build
aprovechar   to use; to take advantage of
proyecto, m.   project
resultar   to result
rechazar   to reject
bicameral   bicameral
cámara, f.   chamber
elegir   to elect
suponer   to suppose

PREGUNTAS

1. ¿Por qué pudo ser elegido Allende?
2. ¿Cuál es su método de crear un estado socialista?
3. Con este método, ¿necesita el apoyo del pueblo chileno?
4. ¿Por qué quiere cambiar la constitución?
5. ¿Cómo va a cambiar la constitución?

DEBRAY. Sé que usted tiene un contacto *privilegiado* con las masas . . .

ALLENDE. El pueblo ve la importancia de las *medidas* que hemos *tomado*. Además de las medidas de tipo económico-social, teníamos un programa inmediato para mejorar las condiciones de vida de los trabajadores. Somos el primer gobierno que *cumple* sus promesas electorales. Por ejemplo, el problema número uno de nuestra *infancia* es la *desnutrición*. Propusimos dar a cada niño chileno medio litro de leche *gratuito* y así lo estamos haciendo. Hemos *eliminado* los *diversos* tipos de pan y hemos *impuesto* el *corte único* para *evitar* la *especulación* con los *precios*. El pan es un *alimento* básico del pueblo. Chile, como país con una inflación alta—en 1969 figuró entre los 10 países que en el mundo tenían una inflación más alta—tiene que hacer un *reajuste*, por lo menos *anual*, de las *remuneraciones* de los que viven de un salario. El gobierno de la Unidad Popular que recibió la *herencia* de una inflación de un 35 por ciento tiene que reajustar las remuneraciones por Ley en 1971. Esta vez el Proyecto que hemos presentado al Congreso no es tradicional; se trata de *convertir* esa Ley en un elemento que ayude al desarrollo económico. No sólo se quiere *devolver* el poder *adquisitivo* perdido por los trabajadores, se quiere *estimular* la *demanda* para *acelerar* el desarrollo económico interno, que fue *detenido* por el gobierno burgués de la Democracia Cristiana. No tengas *temor*, no vamos a olvidarnos que hemos dicho que vamos camino al socialismo.

DEBRAY. No. Sé que Chile tiene condiciones muy *específicas* y que era necesario ir por ese camino. Lo importante es que se esté caminando de verdad y en dos meses se ha *avanzado* mucho. Pero vuelvo a mi pregunta, compañero Allende: Los trabajadores detrás de usted han conquistado el gobierno, y si le pregunto cuándo y cómo van a conquistar el poder, ¿qué me contesta usted?

ALLENDE. Contesto que lo vamos a conquistar cuando el *cobre* sea nuestro, cuando el *hierro* sea nuestro, cuando el *salitre* sea auténticamente nuestro, cuando hayamos hecho una *profunda* y rápida Reforma Agraria, cuando controlemos el comercio de importaciones y exportaciones *por parte del* Estado, cuando *colectivicemos* gran parte de nuestra producción, y digo gran parte porque honestamente lo hemos planteado al país, en el programa, que habrá 3 áreas: el área de la economía social, el área *mixta* y el área privada. Entonces, si esas cosas—hacer *válida* la *soberanía, recuperar* las riquezas básicas, *atacar* a los monopolios—no *conducen* al socialismo, yo no sé qué conduce al socialismo. Pero el poder lo tendremos cuando Chile sea un país económicamente independiente. De allí que nuestra línea esencial, vital, sea antiimperialista como *etapa* inicial de los cambios estructurales. De allí que el proyecto de más importancia es el que permite nacionalizar el cobre, la riqueza fundamental de Chile, y, ¿qué piensas tú? ¿No es cierto que está bien?

VOCABULARIO

privilegiado privileged
medida, f. step; means
tomar to take
cumplir to fill; to fulfill
infancia, f. infancy
desnutrición, f. undernutrition
gratuito free
eliminar to eliminate
diverso diverse, different
imponer to impose
corte único, m. uniform slice, uniform cutting
evitar to avoid
especulación, f. speculation
precio, m. price
alimento, m. food
reajuste, m. readjustment
anual annual
remuneración, f. remuneration

herencia, f. inheritance
convertir to convert
devolver to return
adquisitivo purchasing
estimular to stimulate
demanda, f. demand
acelerar to accelerate
detener to detain, to stop
temor, m. fear
específico specific
avanzar to advance
cobre, m. copper
hierro, m. iron
salitre, m. saltpeter
profundo deep, profound
por parte de on behalf of
colectivizar to collectivize
mixto mixed
válido valid

soberanía, f.   sovereignty   **conducir**   to lead
recuperar   to recuperate   **etapa,** f.   stage
atacar   to attack

PREGUNTAS

1. ¿Cuáles son las promesas electorales que ha cumplido Allende?
2. ¿Cuál es el reajuste económico que quiere hacer Allende?
3. ¿Cómo va a conquistar el poder verdadero?
4. ¿Allende quiere eliminar completamente el sector privado de la economía?
5. ¿Cuál es la "riqueza fundamental" de Chile?

ALLENDE. Si se piensa en la construcción de la sociedad socialista, una vez *superados* los grandes problemas actuales de la Constitución y *seguridad* del poder popular y la destrucción de las bases económicas del capitalismo monopolista, son otros los problemas que comienzan a *pasar a primer plano*. Como tú bien dices aparecen los problemas del *manejo y crecimiento* de las fuerzas productivas socializadas y las nuevas relaciones entre los hombres en la producción y *fuera* de ella. Con respecto a lo primero, tú sabes que una de las características del capitalismo chileno ha sido su carácter monopólico, aunque estructurado sobre una base productiva muy *débil*. En la industria, por ejemplo, un número *inferior al 3* por ciento de las *empresas* maneja más de la *mitad* de todos los recursos industriales; capital, volumen de *ventas*, *utilidades*, etc. Más aún, la mayoría de estas empresas y las de los demás sectores están *dominadas* por un *puñado* de no más de cincuenta grupos industriales, comerciales y financieros. Ahora bien, el Estado de Chile tiene una larga tradición de intervención en la actividad económica; intervención capitalista, *por supuesto*. Multiplicidad de empresas del Estado, control de precios y *abastecimientos*, control total o parcial del comercio exterior, etc. Así, nos encontramos en esa *antesala* del socialismo que son los monopolios y el capitalismo del Estado. Lo esencial es cambiar el contenido economicosocial de su *gestión*. Para ello necesitamos *expropiar* los *medios* de producción que aún tienen carácter privado. La infraestructura de las fuerzas productivas y de su control está, en parte importante, preparada.

DEBRAY. Pero, ¿cómo se crearán las nuevas relaciones sociales en este contexto?

ALLENDE. En cuanto a las relaciones entre los hombres, tú bien sabes que existe una *amplia* discusión en los países socialistas y diversas formas han sido *intentadas. Desde luego*, existen ciertos elementos comunes entre los demás países: creación de un nuevo sistema de valores en que *se destaque* el carácter social de la actividad humana, *revalorización* del trabajo como la práctica humana *esencial*, reducción al *mínimo indispensable* de los *estímulos* que *impulsan* la *privacidad* y el individualismo. Mientras tanto, las empresas que se han expropiado o *intervenido*, están siendo *dirigidas* por Comités de Trabajadores de la Fábrica *encabezados* por el administrador *designado* por el Estado. Sus objetivos ya no son obtener *ganacias* sino satisfacer las necesidades presentes y futuras del pueblo.

VOCABULARIO

superar to overcome; to surpass
seguridad, f. security
pasar a primer plano to come to the forefront
manejo, m. management
crecimiento, m. growth
fuera outside
débil weak
inferior al less than
empresa, f. enterprise, business
mitad, f. half
ventas, f. sales

utilidad, f. profit; earning
dominar to dominate
puñado, m. fist; handful
por supuesto of course, naturally
abastecimiento, m. supply
parcial partial
antesala, f. antechamber
gestión, f. management
expropiar expropriate
medio, m. means
amplio wide

intentar to attempt, to try
desde luego of course
destacarse to stand out,
  to emphasize
revalorización, f. revaluation
esencial essential
mínimo, m. minimum
indispensable indispensable

estímulo, m. stimulus
impulsar to impel
privacidad, f. privateness
intervenir to intervene
dirigir to direct
encabezar to head
designar to designate
ganancia, f. profit

PREGUNTAS

1. ¿Por qué dice Allende que el capitalismo chileno ha sido monopólico?
2. ¿Por qué es el capitalismo del Estado la "antesala del socialismo"?
3. ¿Cuáles van a ser las nuevas relaciones entre los hombres?
4. ¿Cuáles son los objetivos principales de los Comités de Trabajadores?
5. ¿Cuál cree usted que es la relación entre el individualismo y el capitalismo?

DEBRAY. Las nacionalizaciones han sido muy importantes, han afectado el cobre, el *carbón*, y en fin, industrias importantes, pero lo que no he entendido es la política de *indemnización* que piensa seguir el Gobierno Popular. ¿No se empobrecerá el Estado en beneficio de los monopolios?

ALLENDE. En primer lugar, no hay ninguna indemnización prometida para el cobre. Estudiaremos la situación de cada una de las industrias, el capital inicial, las utilidades obtenidas, las *sobreutilidades* en relación con el mercado, las *amortizaciones*, etc., y nosotros podemos pagar desde *cero pesos* hasta mil millones de dólares. Lo que no queremos nosotros y lo hemos dicho, honestamente, es que se diga que vamos a *usurpar* y *apropiarnos* de lo *ajeno*. Ahora, por ejemplo en el caso de la *opción* que le hemos dado a los *accionistas* de los bancos, lo hemos hecho fundamentalmente para no herir a los pequeños accionistas. No podemos atacar en todos los frentes, sería *torpe* e injusto; por último, si gastamos algunos millones en eso, estamos *ahorrando* en lo que puede ser una resistencia, un *enfrentamiento* o una *carrera armamentista* a que nos veríamos *obligados* en estas circunstancias.

DEBRAY. *A propósito*: entiendo que no tienen muchos armamentos aquí, ni para defenderse. En una *revista* francesa vi un *titular* sobre Chile: "La revolución sin fusiles." ¿Es posible esto? ¿Hay una revolución aquí?

ALLENDE. Yo creo que sí. Estamos en una etapa revolucionaria. ¿Cómo podemos definir una revolución? Desde el punto de vista sociológico, yo te lo pregunto.

DEBRAY. Quisiera *aclarar* una duda: para mí la violencia no es absolutamente necesaria.

ALLENDE. Está bien. Es el *paso* del poder de una clase minoritaria a una clase mayoritaria.

DEBRAY. Eso es—al menos como definición mínima.

ALLENDE. Aquí la clase minoritaria ha sido *desplazada* por el pueblo y eso ha sido evidente porque si la clase minoritaria estuviera en el poder no habría nacionalización del cobre, no habría nacionalización de los bancos, no habría reforma agraria, Régis.

DEBRAY. Pero hasta el momento el gobierno, digamos, no se ha salido de los *marcos* reformistas. Ha actuado dentro de la Constitución *heredada* del gobierno burgués anterior, ha actuado dentro de los marcos institucionales establecidos; por eso se puede decir que hasta el momento hubo reformas. Ya, por 1905, creo, Lenín distinguía entre dos tipos de reformas, las que están destinadas a abrirle el camino a la revolución socialista, y las que están destinadas a *frenarla*, desviarla, y al final, *impedirla*.

ALLENDE. Yo creo que nosotros hemos *utilizado* aquellas que le abren el camino a la revolución. Ahora tenemos la *pretensión*, y eso lo voy a decir con *modestia*, de estar creando un camino distinto y *demostrar* que se pueden hacer estas transformaciones profundas que son el camino de la revolución. Nosotros hemos dicho que vamos a crear un gobierno democrático, nacional, revolucionario y popular que abriera el camino al socialismo porque el socialismo no se *impone* por *decreto*. Todas las medidas que hemos tomado son medidas *conducentes* a la revolución.

VOCABULARIO

carbón, m. coal
indemnización, f. indemnification, reimbursement
sobreutilidad, f. excess profit
amortización, f. amortization, expenditure write-off
cero, m. zero
peso, m. peso (monetary unit)
usurpar to usurp
apropiar to appropriate
ajeno, m. another's
opción, f. option
accionista, m. shareholder
torpe clumsy
ahorrar to save
enfrentamiento, m. confrontation
carrera armamentista, f. arms race
obligar to oblige
a propósito by the way; with respect to that

revista, f. magazine
titular, m. headline
aclarar to clarify
paso, m. passage; exchange; step
desplazar to replace
marco, m. frame
heredar to inherit
frenar to brake, to slow down
desviar to detour
impedir to impede
utilizar to use, to utilize
pretensión, f. pretension, claim
modestia, f. modesty
demostrar to show, to demonstrate
imponer to impose
decreto, m. decree
conducente conducive, leading

PREGUNTAS

1. ¿Qué es lo que ha nacionalizado Chile?
2. ¿Para qué hacen eso?
3. ¿Por qué no quiere Allende herir a los pequeños accionistas?
4. Según Allende, ¿qué es una revolución?
5. ¿Cuál es la distinción básica que hacen Allende y Debray entre revolución y reformismo?

DEBRAY. Ahora bien, en cuanto a sus relaciones con Estados Unidos, ¿tienen razones para *temer* un *empeoramiento*?, ¿qué es lo que esperan?

ALLENDE. Si vemos la historia, es cierto que podemos temer muchas cosas. La experiencia de Latinoamérica con los EE. UU. es dramática y es sangrienta. Pudiéramos hablar de la política del *garrote* o de la política del dólar, del *desembarco* de marines, etc. Ahora bien, nosotros también pensamos que EE. UU. como pueblo y como nación está hoy día viviendo *etapas* muy diferentes a las de antes. Ellos tienen profundos problemas *internos*. No sólo el problema de los negros, tienen el problema de sectores obreros, de estudiantes, de intelectuales, que no aceptan la política de *agresión*. Además, ellos se han *concitado* la *repulsa* mundial con su *actitud* en Vietnam, y por eso les es más difícil *proceder* en América Latina. Nosotros no tenemos ninguna actitud agresiva contra el pueblo norteamericano.

DEBRAY. Y la agresión vendrá de ellos, si es que tiene que venir.

ALLENDE. Por eso digo: ni hacemos agresión verbal. El señor Nixon es presidente de Estados Unidos y yo soy presidente de Chile. Yo no tendré una palabra *despectiva* contra el señor Nixon, mientras el señor Nixon *respete* al presidente de Chile. Si ellos *rompen* con esto que es una obligación, si una vez más van a *negar* la *autodeterminación*, la *no intervención*, se van a encontrar con una respuesta *digna* de un pueblo y de un gobernante.

DEBRAY. Lo saben, *de modo que* no creo que van a hacer cosas estúpidas, pero hay otras formas de agresión: Económicas, *bloqueo* . . .

ALLENDE. Yo creo que no lo van a hacer; primero, porque nosotros hemos procedido dentro de las leyes chilenas, dentro de la Constitución. Por eso *sostuve* yo, Régis, que la victoria por las elecciones era la *derrota* para *determinada* política, porque a ellos les *amarraba* las manos.

DEBRAY. Era quitarle toda *legitimidad* a cualquier intervención. Pero cuando se trata de intervenir, la verdad es que no *se preocupan* mucho de las leyes internacionales. Finalmente, ¿cuál es la lección del proceso chileno para Latinoamérica?

ALLENDE. La lección es que cada pueblo tiene su propia realidad y frente a esa realidad hay que actuar. No hay *recetas*. El caso nuestro, por ejemplo, abre perspectivas, abre caminos. Hemos llegado por las elecciones. *Aparentemente* se nos puede decir que somos reformistas, pero hemos tomado medidas que implican que queremos hacer la revolución, es decir, transformar nuestra sociedad, es decir, construir el socialismo.

VOCABULARIO

temer to fear
empeoramiento, m. worsening
garrote, m. cudgel, "big stick"
desembarco, m. landing; unloading
etapa, f. stage
interno internal
agresión, f. aggression
concitar to excite, to stir up
repulsa, f. repulsion, censure
actitud, f. attitude
proceder to proceed
despectivo contemptuous
romper to break
negar to negate, to deny
autodeterminación, f. self-determination
no intervención, f. nonintervention

respuesta, f. answer, reply
digno worthy
gobernante, m. leader, governing person
de modo que so that, consequently
bloqueo, m. blockade
sostener to sustain, to maintain
derrota, f. defeat
determinado specific, definite
amarrar to tie, to tie up
legitimidad, f. legitimacy
preocuparse de to worry about; to pay attention to
receta, f. prescription; recipe
aparentemente apparently

PREGUNTAS

1. ¿Por qué no teme Allende la agresión de los EE. UU.?
2. ¿Cuál es la actitud de Allende hacia los EE. UU.?
3. ¿Por qué quiso llegar al poder por las elecciones?
4. ¿Cuál es la lección de Chile para la América Latina?

DEBRAY. Usted sabe cómo en el marco latinoamericano su imagen está siendo utilizada para *contraponerla* a la de Fidel y la del Che. ¿Qué piensa usted de los que dicen que lo que *acaba de* pasar en Chile *desmiente* la tesis de la guerra del pueblo, la *validez* de la lucha armada en otras partes?

ALLENDE. Lo he dicho aún antes de nuestra victoria. La lucha revolucionaria puede ser el *foco* guerrillero, puede ser la lucha insurreccional urbana, puede ser la guerra del pueblo, la insurgencia, como las elecciones. En algunos países no hay otra posibilidad que la lucha armada: donde no hay partidos, donde no hay sindicatos, donde hay dictadura, ¿quién va a creer en la posibilidad electoral? No hay ahí ninguna perspectiva electoral. Y esa gente, estos revolucionarios, tienen que llegar hasta el final.

DEBRAY. ¿Cómo ve, *a partir de* la experiencia chilena, a partir de la victoria popular en Chile, el *porvenir* de América Latina?

ALLENDE. Con victoria o sin victoria, siempre he dicho lo mismo: Latinoamérica es un *volcán* en *erupción*. Los pueblos no pueden continuar muriéndose *a medio vivir*. Tú sabes perfectamente bien que en este Continente hay 120 millones de *semianalfabetos* y *analfabetos*; tú sabes que en América Latina faltan 19 millones de *viviendas* y que 70 por ciento de la gente se *alimenta* mal, tú sabes que potencialmente nuestros pueblos son riquísimos y sin embargo, son pueblos con *desocupación*. ¿Pero luchar para qué? Para conquistar su independencia económica y ser pueblos auténticamente libres. Ahora, yo creo que ésa es la gran perspectiva y como presidente yo puedo decir, sobre todo a la *juventud*, que en el camino de la lucha, en el camino de la rebeldía, en el camino de la *consagración* a estar *junto* a los trabajadores, está la gran perspectiva y la gran posibilidad. Este Continente tiene que *alcanzar* su independencia política; nosotros tenemos que hacer la independencia económica. Algún día, América Latina tendrá una voz de Continente, una voz de pueblo unido, una voz que sea *respetada* y oída, porque será la voz del pueblo *dueño* de su propio destino. Esto es lo que yo pienso, Régis, y creo que tú, compañero, nos puedes ayudar mucho diciendo lo que has visto y diciendo lo que queremos.

VOCABULARIO

contraponer to compare; to oppose
acabar de to have just (plus inf. verb)
desmentir to give the lie to
validez, f. validity
foco, m. center, focus, "cell"
a partir de after, beginning with
porvenir, m. future
volcán, m. volcano
erupción, f. eruption
a medio vivir only half living
semianalfabeto, m. semi-literate

analfabeto, m. illiterate
vivienda, f. dwelling place
alimentarse to feed oneself, to eat
desocupación, f. unemployment
juventud, f. youth
consagración, f. dedication
junto a near, next to; with
alcanzar to reach, to achieve
respetar to respect
dueño, m. master

PREGUNTAS

1. ¿Qué piensa Allende de la lucha armada?
2. ¿Por qué tienen que luchar los pueblos latinoamericanos?
3. ¿Para qué tienen que luchar los pueblos latinoamericanos?
4. ¿Qué dice Allende a la juventud?
5. ¿Por qué quiere una unidad continental en la América Latina?

SALVADOR ALLENDE

Discurso
ante la Asamblea General
de las Naciones Unidas
1972 *(fragmentos)*

Hemos nacionalizado las *riquezas* básicas, hemos nacionalizado el cobre, lo hemos hecho por decisión unánime del Parlamento, donde los partidos del Gobierno están en minoría. Queremos que todo el mundo lo entienda claramente: no hemos *confiscado* las empresas extranjeras de la gran *minería* del cobre. Eso sí, de acuerdo con *disposiciones* constitucionales, *reparamos* una injusticia histórica al *deducir* de la *indemnización* las *utilidades* por ellas *percibidas* más allá de un 12 por ciento anual, a partir de 1955.

Las utilidades que habían obtenido en el *transcurso* de los últimos quince años algunas de las empresas nacionalizadas eran tan exorbitantes, que al aplicárseles como límite de utilidad razonable el 12 por ciento anual, esas empresas fueron afectadas por *deducciones* de significación; tal es el caso, por ejemplo, de una *filial* de Anaconda Company, que entre 1955 y 1970 obtuvo en Chile una utilidad promedio del 21,5 por ciento anual sobre su valor de "libro," mientras las utilidades de Anaconda en otros paises *alcanzaban* sólo un 3,6 por ciento al año; esa es la situación de una filial de Kennecott Copper Corporation que en el mismo período obtuvo en Chile una utilidad *promedio* del 52,8 por ciento anual, llegando en algunos años a utilidades tan increíbles como el 106 por ciento en 1967, el 113 por ciento en 1968 y más del 205 por ciento en 1969. El promedio de las utilidades de Kennecott en otros países alcanzaba en la misma época a menos del 10 por ciento anual; sin embargo, la aplicación de la norma constitucional ha determinado que otras empresas *cupríferas* no fueran objeto de *descuentos* por utilidades excesivas, ya que sus *beneficios* no *excedieron* el límite razonable del 12 por ciento anual.

Cabe destacar que en los años inmediatamente anteriores a la nacionalización las grandes empresas del cobre habían iniciado planes de expansión, los que en gran medida han fracasado y para los cuales no *aportaron recursos* propios, no obstante las grandes utilidades que obtenían y que financiaron a través de créditos externos; de acuerdo con las disposiciones legales el Estado chileno ha debido *hacerse cargo de* esas *deudas*, las que ascienden a la enorme *cifra* de más de 727 millones de dólares. Hemos empezado a pagar incluso deudas que una de estas empresas había contraído con Kennecott, su compañía *matriz* en Estados Unidos.

Estas mismas empresas, que explotaron el cobre chileno durante muchos años, sólo en los últimos cuarenta y dos años retiraron más de cuatro mil millones de dólares de utilidad, en circunstancias que su *inversión* inicial no subió de treinta millones. Un simple y doloroso ejemplo, un *agudo* contraste: en mi país hay seiscientos mil niños que jamás podrán gozar de la vida normalmente humana, porque en sus primeros ocho meses de existencia no recibieron la cantidad elemental de proteínas. Cuarto mil millones de dólares transformarían totalmente a Chile, mi patria. Sólo una pequeña parte de esta suma *aseguraría* proteínas para siempre a todos los niños de mi patria.

VOCABULARIO

riqueza, f. riches, wealth
confiscar to confiscate
minería, f. mining industry
disposición, f. disposition
reparar to repair
deducir to deduct
indemnización, f. indemnification
    cation

utilidad, f. profit
percibir to perceive, to receive
trancurso, m. passage
deducción, f. deduction
filial, f. affiliate
alcanzar to reach
promedio average

cuprífero cupriferous; pertaining to copper
descuento, m. discount,
  deduction
beneficio, m. benefit
exceder to exceed
cabe destacar it needs to be
  pointed out
aportar to bring; to provide

recurso, m. resource
hacerse cargo de to take
  charge of
cifra, f. figure
matriz, f. mother, parent
inversión, f. investment
agudo sharp
asegurar to assure

PREGUNTAS

1. ¿La nacionalización del cobre fué un acto dictatorial?
2. ¿Por qué no pagó el gobierno chileno indemnización a
   Anaconda y Kennecott Copper?
3. ¿Cuáles son las deudas de que ha tenido que hacerse cargo
   el gobierno chileno?
4. ¿Qué quisiera hacer Allende para los niños de su país?

Es doloroso tener que venir a esta *tribuna* a *denunciar* que
mi país es víctima de una grave "agresión."

Habíamos *previsto* dificultades y resistencias externas para
llevar a cabo nuestros cambios, sobre todo frente a la nacionalización de nuestros *recursos* naturales. El imperialismo
y su crueldad tienen una larga y ominosa historia en América
Latina, y está muy cerca la dramática y heróica experiencia
de Cuba. También lo está la del Perú, que ha debido sufrir
las consecuencias de su decisión de *disponer soberanamente*
de su petróleo.

En plena década del 70—después de tantos *acuerdos* y
resoluciones de la comunidad internacional, en los que se
reconoce el derecho soberano de cada país de disponer de
sus recursos naturales en beneficio de su pueblo; después de
la adopción de los pactos internacionales sobre derechos económicos, sociales y culturales, somos víctimas de una nueva
manifestación del imperialismo. Más *sutil*, más *artera* y terrible-

mente *eficaz*, para impedir el ejercicio de nuestros derechos de Estado soberano.

Desde el momento mismo en que triunfamos electoralmente el 4 de septiembre de 1970, estamos afectados por el desarrollo de una *presión* externa de gran *envergadura*, que pretendió impedir la instalación de un gobierno libremente elegido por el pueblo, y *derrocarlo* desde entonces. Que ha querido *aislarnos* del mundo, estrangular la economía y paralizar el comercio del principal producto de exportación: el cobre, y privarnos de financiamiento internacional.

Estamos conscientes de que cuando denunciamos el bloqueo financiero-económico con que nos *agrede*, tal situación parece difícil de ser comprendida con facilidad por la opinión pública internacional y aún por algunos de nuestros compatriotas. Porque no se trata de una agresión abierta, que haya sido declarada ante el mundo. Por el contrario, es un ataque siempre *oblicuo*, subterráneo, *sinuoso*, pero no por eso menos dañoso para Chile.

Chile, como la mayor parte de los países del tercer mundo, es muy vulnerable frente a la situación del sector externo de su economía. En los últimos doce meses el *descenso* de los precios internacionales del cobre ha significado al país, cuyas exportaciones son poco más de mil millones de dólares, la pérdida de ingresos de aproximadamente doscientos millones de dólares, mientras los productos, tanto industriales como agrícolas, que debemos importar han *experimentado* fuertes *alzas*, algunos de ellos hasta de un 60 por ciento.

Como casi siempre, Chile compra a precios altos y vende a precios bajos.

Ha sido justamente en estos momentos, de por sí difíciles para nuestra balanza de *pagos*, cuando hemos debido hacer frente, entre otras, a las siguientes acciones simultáneas destinadas al parecer a tomar *venganza* del pueblo chileno por su decisión de nacionalizar el cobre.

Hasta el momento de la iniciación de mi Gobierno, Chile recibía en *préstamos otorgados* por organismos financieros internacionales, tales como el Banco Mundial y el Banco Interamericano de Desarrollo, una cantidad de recursos cercana a ochenta millones de dólares al año. Violentamente, estos financiamientos han sido interrumpidos.

En el *decenio* pasado, Chile recibía préstamos de la Agencia para el Desarrollo Internacional del Gobierno de los Estados Unidos (AID) por un valor de cincuenta millones de dólares, aproximadamente, al año.

No *pretendemos* que esos préstamos sean restablecidos. Los Estados Unidos son soberanos para dar ayuda externa, o no, al país que *designe*. Sólo queremos señalar que la drástica supresión de esos créditos ha significado constricciones importantes en nuestra balanza de pagos.

VOCABULARIO

tribuna, f. tribunal
denunciar to denunciate
prever to predict
llevar a cabo to fulfill, to complete
recurso, m. resource
disponer to dispose
soberanamente with sovereignty
acuerdo, m. agreement
sutil subtle
artero sly, cunning, artful
eficaz efficient
presión, f. pressure
envergadura, f. spread; compass; reach

derrocar to overthrow
aislar to isolate
agredir to attack, to assault
oblicuo oblique
sinuoso sinuous
descenso, m. drop; lowering
experimentar to experience
alza, f. rise; advance
pago, m. payment
venganza, f. vengeance
préstamo, m. loan
otorgar to grant; to agree to
decenio, m. decade
pretender to try; to wish
designar to designate

PREGUNTAS

1. ¿Qué hizo el Perú con su petróleo?
2. Cuando Allende habla del "imperialismo," ¿a quién se refiere?

3. ¿Por qué es difícil de ser comprendida la agresión que sufre Chile?
4. Según Allende, ¿cómo han tomado "venganza" de Chile los imperialistas?

Al asumir la presidencia, mi país contaba con líneas de crédito a *corto plazo* de la banca privada norteamericana destinadas al financiamiento de nuestro comercio exterior, por cerca de doscientos veinte millones de dólares. Se han suspendido estos créditos y se ha *descontado* una cantidad de alrededor de ciento noventa millones de dólares, suma que hemos debido pagar al no *renovarse* las respectivas operaciones.

Como la mayor parte de los países de América Latina, por razones tecnológicas y de otro orden, Chile debe *efectuar* importantes adquisiciones de *bienes de capital* en Estados Unidos. En la actualidad, tanto los financiamientos de *proveedores* como los que ordinariamente *otorga* el Eximbank para este tipo de operaciones, nos han sido también suspendidos, encontrándonos en la *anómala* situación de tener que adquirir esta clase de bienes con *pago anticipado*, lo cual *presiona* extraordinariamente sobre nuestra balanza de pagos.

Como resultado de acciones dirigidas en contra del comercio del cobre en los países de Europa occidental, nuestras operaciones de corto plazo con bancos privados de ese continente—basadas fundamentalmente en *cobranzas* de *ventas* de este metal—se han *entorpecido* enormemente. Esto ha significado la no renovación de líneas de crédito por más de veinte millones de dólares, la suspensión de doscientos millones de dólares y la creación de un clima que *impide* el *manejo* normal de nuestras compras en tales países, así como distorsiona agudamente todas nuestras actividades en el campo de las finanzas externas.

Esta asfixia financiera de proyecciones brutales, dadas las características de la economía chilena, se ha traducido en una severa limitación de nuestras posibilidades de *abastecimiento* de *equipos*, de *repuestos*, de *alimentos*, de medicamentos. Todos los chilenos estamos sufriendo las consecuencias de estas medidas, que *proyectan* en la vida diaria de cada uno sufrimiento y dolor, y, naturalmente, también *repercute en* la vida política interna.

Lo que he descrito significa que se ha *desvirtuado* la naturaleza de los organismos internacionales, cuya utilización como instrumentos de la política *bilateral* de cualquiera de sus países miembros, por *poderoso* que sea, es jurídica y moralmente inaceptable. Significa *presionar* a un país económicamente débil. Significa *castigar* a un pueblo por su decisión de *recuperar* sus recursos básicos. Significa una forma premeditada de intervención en los *asuntos* internos de un país. Esto es lo que llamanos "insolencia imperialista."

Señores representantes, ustedes lo saben y no pueden dejar de recordarlo. Todo esto ha sido repetidamente condenado por resoluciones de las Naciones Unidas.

VOCABULARIO

corto plazo   short term
descontar   to deduct
renovar   to renew
efectuar   to effect, to carry out
bienes de capital, m.   capital goods
proveedor, m.   supplier, provider
otorgar   to grant; to agree to
anómalo   anomalous
pago anticipado, m.   payment in advance
cobranza, f.   collection; payment
venta, f.   sale
entorpecer   to slow up; to dull

impedir   to impede
manejo, m.   management
abastecimiento, m.   supply
equipo, m.   equipment
repuesto, m.   replacement
alimento, m.   food
proyectar   to project
repercutir en   to have a repercussion on
desvirtuar   to devalue
bilateral   bilateral
poderoso   powerful
presionar   to pressure
castigar   to punish
recuperar   to recuperate
asunto, m.   affair, matter

PREGUNTAS

1. ¿Qué han hecho los bancos para presionar a Chile?
2. ¿Por qué ha perdido créditos Chile?
3. ¿Cómo han repercutido estas dificultades en la vida diaria de los chilenos?
4. ¿Por qué se han desvirtuado los organismos internacionales?

No sólo sufrimos el *bloqueo* financiero, también somos víctimas de una clara agresión. Dos empresas que integran el núcleo central de las grandes compañías transnacionales, que están en mi país, la International Telegraph and Telephone Company y la Kennecott Copper Corporation, se propusieron *manejar* nuestra vida política.

La ITT, gigantesca corporación cuyo capital es superior al *presupuesto* nacional de varios países latinoamericanos juntos y superior *incluso* al de algunos países industrializados, *inició,* desde el momento mismo en que triunfó el movimiento popular en la elección de septiembre de 1970, una siniestra acción para impedir que yo ocupara la primera *magistratura.*

Entre septiembre y noviembre del año mencionado se desarrollaron en mi patria acciones terroristas planeadas fuera de nuestras fronteras, en colusión con grupos fascistas internos, las que *culminaron* con el asesinato del comandante en jefe del Ejército, general René Schneider Chereau, hombre justo, gran soldado, símbolo del constitucionalismo de las fuerzas armadas de Chile.

En marzo del año *en curso* se revelaron los documentos que denuncian la relación entre esos *tenebrosos* propósitos y la ITT. Esta última ha reconocido que incluso hizo en 1970 sugerencias al Gobierno de Estados Unidos para que *interviniera* en los acontecimientos políticos de Chile. Los documentos son auténticos, nadie ha *osada desmentirlos.*

Posteriormente, el mundo *se enteró,* en julio último, *de* distintos aspectos de un nuevo plan de acción que la misma

ITT presentó al Gobierno norteamericano con el *propósito* de derrocar a mi Gobierno en seis meses. Tengo en mi portafolio el documento, fechado en octubre de 1971, que contiene los dieciocho puntos que constituían el plan que comento. Se proponía el estrangulamiento económico, el *sabotage* diplomático, crear el pánico en la población, el desorden social, para que al ser *sobrepasado* el Gobierno, las fuerzas armadas fueran impulsadas a quebrar el régimen democrático e imponer una dictadura.

En los mismos momentos en que la ITT formulaba ese plan, sus representantes *simulaban* negociar con mi Gobierno una fórmula para la adquisición por el Estado chileno de la *participación* de la ITT en la compañia de teléfonos de Chile. Desde los primeros días es mi administración habíamos iniciado conversaciones para adquirir la empresa telefónica que controlaba la ITT, por razones de seguridad nacional.

Personalmente recibí en dos oportunidades a altos ejecutivos de la empresa. En las discusiones mi Gobierno *actuaba de buena fe*. La ITT, en cambio, *se negaba* a aceptar el pago de un precio fijado por expertos internacionales. Ponía dificultades para una solución rápida y *equitativa*, mientras subterráneamente intentaba crear una situación caótica en mi país.

La negativa de la ITT a aceptar un acuerdo directo y el conocimiento de sus arteras *maniobras* nos han obligado a enviar el Congreso un proyecto de ley de nacionalización.

Señores representantes, yo acuso ante la conciencia del mundo a la ITT de *pretender* provocar en mi patria la guerra civil, grado máximo de desintegración para un país. Esto es lo que nosotros *calificamos* como "intervención" imperialista.

Chile está ahora ante un peligro cuya solución no depende solamente de la voluntad nacional, sino de una vasta *gama* de elementos externos. Me estoy refiriendo a la acción *emprendida* por la Kennecott Copper.

Nuestra Constitución establece que las disputas *originadas* por las nacionalizaciones deben ser resueltas por un tribunal que, como todos los de mi país, es independiente y soberano en sus decisiones. La Kennecott Copper aceptó esta jurisdicción y durante un año *litigó* ante este tribunal. Su apelación fue denegada y entonces decidió utilizar su gran poder para quitarnos los beneficios de nuestras exportaciones en cobre y presionar contra el Gobierno de Chile. Llegó en su *osadía* hasta demandar, en septiembre último, el *embargo* del precio de dichas exportaciones ante los tribunales de Francia, de Holanda y de Suecia. Seguramente lo intentará también en otros países. El fundamento de estas acciones no puede ser más inaceptable, desde cualquier punto de vista jurídico y moral.

La Kennecott pretende que los tribunales de otras naciones, que nada tienen que ver con los problemas o negocios que existen entre el Estado chileno y la compañía Kennecott Copper, decidan que es *nulo* un acto soberano de nuestro Gobierno, realizado en virtud de un *mandato* de la más alta jerarquía, como es el dado por la Constitución política y refrendado por la unanimidad del pueblo chileno.

Esa pretensión *choca* contra principios esenciales del derecho internacional *en virtud de* los cuales los recursos naturales de un país, sobre todo cuando se trata de aquellos que constituyen su vida, le pertenecen y puede disponer libremente de ellos.

VOCABULARIO

bloqueo, m. blockade
manejar to manage; to manipulate
presupuesto, m. budget
incluso including
iniciar to initiate
magistratura, f. magistracy
culminar to culminate
en curso current

tenebroso shadowy
intervenir to intervene
osar to dare
desmentir to deny
posteriormente later
enterarse de to be informed of, to find out about
propósito, m. aim, intention, purpose

sabotaje, m.   sabotage
sobrepasar   to pass over, to
  pass by
simular   to simulate
participación, f.   participation
actuar   to act
de buena fe   in good faith
negarse   to refuse
equitativo   fair
maniobra, f.   maneuver
pretender   to try to; to wish to
calificar   to call, to name

gama, f.   gamut
emprender   to undertake
originar   to originate
litigar   to litigate
osadía, f.   daring
embargo, m.   embargo
nulo   null
mandato, m.   mandate
chocar   to crash
en virtud de   in virtue of,
  by virtue of

PREGUNTAS

1. ¿Qué hizo la ITT en Chile?
2. ¿Por qué quiso la ITT interferir en el gobierno chileno?
3. ¿Qué ha hecho la Kennecott Copper en Europa?
4. ¿A quién le pertenecen los recursos naturales de un país?

Ante la tercera UNCTAD tuve la oportunidad de referirme al fenómeno de las corporaciones transnacionales y *destaqué* después el rápido crecimiento de su poder económico, así como su influencia política y su acción corruptora. De ahí la alarma con que la opinión mundial debe reaccionar ante *semejante* realidad. El poderío de estas corporaciones es tan grande, que *traspasa* todas las fronteras. Sólo las inversiones en el extranjero de las compañías estadounidenses alcanzaron 32.000 millones de dólares y crecieron entre 1950 y 1970 a un ritmo de diez por ciento al año, mientras las exportaciones de ese país *aumentaron* sólo en un cinco por ciento. Sus utilidades son fabulosas y representan un enorme *drenaje* de recursos para los países en desarrollo.

Solamente en un año estas empresas *retiraron* utilidades del tercer mundo que significaron *transferencias netas* en favor de ellas de 1.723 millones de dólares: 1.013 millones de

América Latina, 280 de Africa, 376 del Lejano Oriente y 74 del Medio Oriente. Su influencia y su ámbito de acción están *trastocando* las prácticas de transferencia tecnológica, de *transmisiones* de recursos entre las naciones y las relaciones laborales.

Estamos frente a un verdadero conflicto *frontal* entre las grandes corporaciones transnacionales y los Estados. Estos aparecen *interferidos* en sus decisiones fundamentales—políticas, económicas y militares—por organizaciones globales que no *dependen* de ningún Estado y que en la suma de sus actividades no responden ni están *fiscalizadas* por ningún parlamento, por ninguna institución representativa del interés colectivo. En una palabra, es toda la *estructura* política del mundo la que está siendo *socavada*. Los *mercaderes* no tienen patria. El *mero* lugar donde están no constituye un *vínculo*, lo que les interesa es dónde obtienen su ganancia. Esta frase no es mía, pertenece a Jefferson.

Pero las grandes empresas transnacionales no sólo *atentan* contra los intereses genuinos de los países en desarrollo, sino que su acción *avasalladora* e incontrolada se da también en los países industrializados, donde *se asientan*. Ello ha sido denunciado en los últimos tiempos en Europa y Estados Unidos, lo que ha originado una investigación en el propio Senado norteamericano. Ante este peligro, los pueblos desarrollados no están más seguros que los subdesarrollados. Es un fenómeno que ya ha provocado la *creciente* movilización de los trabajadores organizados, incluyendo a las grandes *entidades sindicales* que existen en el mundo. Una vez más *la actuación solidaria* internacional de los trabajadores deberá enfrentarse a un adversario común: el imperialismo.

El problema chileno no es *aislado* ni único. En la manifestación local de una realidad que nos *desborda*. Que abarca al continente latinoamericano y al tercer mundo con intensidad variable, con peculiaridades singulares. Todos los países *periféricos* están *expuestos* a algo semejante.

Somos países potencialmente ricos, vivimos en la pobreza. Vamos de un lugar a otro pidiendo créditos, ayuda, y sin em-

bargo somos—paradoja propia del sistema económico capitalista—grandes exportadores de capitales.

Aquellos que *imposibilitan* la revolución pacífica hacen que
la revolución violenta sea inevitable. La frase no es mía: la
comparto. Pertenece a John Kennedy.

VOCABULARIO

destacar   to point out; to
emphasize
semejante similar; such a
traspasar to cross; to cross over
aumentar to increase
drenaje, m. drainage
retirar to withdraw; to take
away
transferencia, f. transference
neto net (commerce)
trastocar to change; to modify
transmisión, f. interchange
frontal frontal
interferir to interfere
depender de to depend upon
fiscalizar to control; to inspect;
to oversee
estructura, f. structure
socavar to undermine

mercader, m.   merchant
mero mere
vínculo, m. link
atentar to attempt a crime;
to attempt
avasallador enslaving
asentar to establish
creciente growing
entidad, f. entity
sindical union
actuación, f. action, activity
solidario united
aislado isolated
desbordar to overflow
periférico peripheral
exponer to expose
imposibilitar to make impossible
compartir to share

PREGUNTAS

1. ¿Cuáles son algunas de las corporaciones transnacionales
   más conocidas?
2. ¿Por qué hay un conflicto entre estas corporaciones y los
   Estados?
3. ¿Qué es lo que se investiga en el Senado norteamericano?
4. ¿Cuál es la paradoja de la situación económica de Chile,
   según Allende?
5. ¿Qué deben hacer los trabajadores del mundo?

PUERTO RICO
Y
LOS
CHICANOS

Más de 10 millones de norteamericanos son de origen y cultura hispánicos. En el suroeste, de Texas a California, ha habido gente de habla española desde el siglo XVI; eran los primeros habitantes de cultura europea. La adquisición de esos territorios en el siglo pasado por los Estados Unidos significó para la población latina la pérdida de sus tierras y la opresión económica y social. En años recientes, los distintos grupos latinos han tratado de ganar respeto y de mejorar sus condiciones sociales. Este resurgimiento ha tomado distintas formas; por ejemplo, la actividad casi guerrillera de Reyes López Tijerina en New Mexico para recuperar las tierras pertenecientes a los habitantes hispánicos desde hace siglos, las huelgas en California por los trabajadores agrícolas—de origen inmigrante mexicano más reciente—que, bajo la dirección de César Chávez, se ha convertido en una causa reconocida internacionalmente, y el resurgimiento cultural de los Chicanos o "Mexican Americans" que han identificado a la región geográfica de Aztlán (la parte suroeste de los Estados Unidos y noroeste de México que es el origen mítico de los Aztecas) como su tierra de procedencia y la base de un renacimiento de orgullo e identidad latinos.

Puerto Rico, anexionado a los Estados Unidos después de la guerra con España a finos del siglo XIX, ha tenido desde entonces una larga tradición de movimientos políticos en favor de la independencia, siempre reprimidos, a veces violentamente. Hay también una gran problación puertorriqueña en los Estados Unidos, que ha producido sus movimientos políticos y culturales para mejorar su vida en el mundo de habla inglesa, como por ejemplo el Young Lords Party en New York, ciudad que tiene la población más grande de puertorriqueños fuera de la isla.

Las voces latinas en los Estados Unidos, que se oyen cada vez más fuertes e insistentes, se harán oir en su legítima demanda de derechos políticos, económicos y culturales, en su exigencia de participación plena e igualitaria en la sociedad.

PEDRO ALBIZU CAMPOS

El nacionalismo Puertorriqueño
1936   *(fragmento)*

El *tratado* de París, *impuesto* por la fuerza por Estados Unidos a España, el 11 de abril de 1899, es *nulo* y sin valor con respecto a Puerto Rico. Por tanto, la intervención militar de Estados Unidos en nuestra patria, es sencillamente uno de los actos más brutales y abusivos que se haya perpetrado en la historia contemporánea.

Exigimos la *retirada* de las fuerzas armadas de Estados Unidos de nuestro suelo como defensa natural y legítima de la independencia de Puerto Rico.

No somos tan afortunados como nuestros *antepasados* del 1868. Ellos combatieron por el principio puro de la soberanía nacional. No tenían *queja* alguna contra la Madre Patria, España.

Contra Estados Unidos de Norteamérica tenemos que hacer *reclamaciones* como *indemnización* por los enormes daños perpetrados sistemáticamente y a sangre fría contra una nación pacífica e indefensa.

El balance comercial favorable de Puerto Rico durante los treinta y cinco años de intervención militar norteamericana es aproximadamente cuatrocientos millones de dólares oro. De acuerdo con esa cifra imponente, Puerto Rico debiera ser uno de los países más ricos y prósperos del planeta. *De hecho*, la miseria es nuestro *patrimonio*. Ese dinero está en poder de los cuidadanos norteamericanos en el continente.

Cálculos conservadores sobre el valor financiero del monopolio comercial que nos impuso Estados Unidos por la fuerza, y en virtud del cual estamos obligados a vender nuestras *mercaderías* a los norteamericanos al precio que a ellos *convenga* y además tenemos que pagar por la mercadería norteamericana el precio que nos quieran imponer los norteamericanos, es una cifra no menor de quinientos millones de dólares oro.

Por supuesto el resultado de esa explotación *inmisericorde* y de los abusos perpetrados sobre nuestra nacionalidad, queda claro en la pobreza universal; en las enfermedades y elevada mortalidad de nuestra población, la más alta en las Américas.

El 76 por ciento de la riqueza nacional está en manos de unas pocas corporaciones norteamericanas, para cuyo beneficio exclusivo se mantiene el presente gobierno militar.

Un asalto estúpido se ha dirigido contra nuestro orden social cristiano en un esfuerzo brutal para disolver la estructura de nuestra familia y destruir la moralidad de una raza *hidalga*, imponiendo a través de agencias gubernamentales la difusión de las prácticas de la prostitución, bajo el *estandarte engañoso* del control de *natalidad;* el esfuerzo ridículo para destruir nuestra civilización hispánica con un sistema de instrucción pública usado en Estados Unidos para esclavizar a las masas; la arrogancia tonta de pretender guiar en el orden espiritual a una nación cuya alma se ha formado en el más puro cristianismo: ésas son nuestras quejas más serias.

El pueblo de Estados Unidos, si no se ha vuelto totalmente insensible a los principios que le permitieron ser una nación libre, debe tener sentido común, debe guiarse exclusivamente por su interés nacional.

Ese interés nacional queda garantizado al respetar la independencia de Puerto Rico.

Ese son las aspiraciones del nacionalismo de Puerto Rico.

VOCABULARIO

tratado, m. treaty
imponer to impose
nulo null, void; worthless
exigir to demand
retirada, f. retreat; withdrawal
antepasado, m. ancestor
queja, f. complaint
reclamación, f. reclamation,
  claim, demand
indemnización, f. indemnification, compensation

cifra, f. figure
de hecho in fact
patrimonio, m. patrimony
mercaderías, f. commodities,
  goods
convenir to be suitable
inmisericorde merciless
hidalgo noble
estandarte, m. standard, banner
engañoso deceptive
natalidad, f. birthrate

PREGUNTAS

1. ¿Qué piensa el autor de la presencia militar de los Estados Unidos en Puerto Rico?
2. ¿A qué se debe la pobreza de Puerto Rico?
3. ¿Qué piensa el autor del sistema de educación pública en los Estados Unidos?
4. ¿Según el autor, cuál es la función del cristianismo en Puerto Rico?

UNITED
FARM WORKERS
ORGANIZING COMMITTEE

Plan
de
Delano
1966

PEREGRINACIÓN, PENITENCIA, REVOLUCIÓN

1. Plan para la liberación de los *obreros campesinos* asociados a la *Huelga* de la *Uva* en Delano, en el Estado de California, pidiendo justicia social para el obrero del campo, por medio de aquellas reformas que juzgamos necesarias para nuestro *bienestar*, como obreros en los Estados Unidos.

2. Este es el comienzo de un movimiento social de *hechos*, no de meras palabras. Luchamos por nuestros fundamentales derechos, que Dios mismo nos ha *concedido*, como seres humanos que somos. Porque hemos sufrido para *sobrevivir*, y porque no nos *asusta* el sufrimiento, estamos *dispuestos* a darlo todo, incluso nuestras vidas, en la lucha por la justicia social. Lo vamos a hacer sin violencia, porque ése es nuestro destino. A los rancheros y a cuántos se *oponen* a nuestra Causa les repetimos las palabras de Benito Juárez: "El respeto al *derecho ajeno* es la paz."

3. El obrero del campo ha sido abandonado a su *suerte*— sin representación y sin poder—*sujeto* a la *merced* y al *capricho* del ranchero. Estamos cansados de palabras, de traiciones, de indiferencia. A los políticos les decimos que ya pasaron aquellos años cuando el obrero campesino no decía nada, ni hacía nada por su Causa. De este movimiento *brotarán* los líderes que nos comprendan, que nos *guíen*, que nos sean *fieles*; los que nosotros *eligiremos* para que nos representen. ¡Nos escucharán!

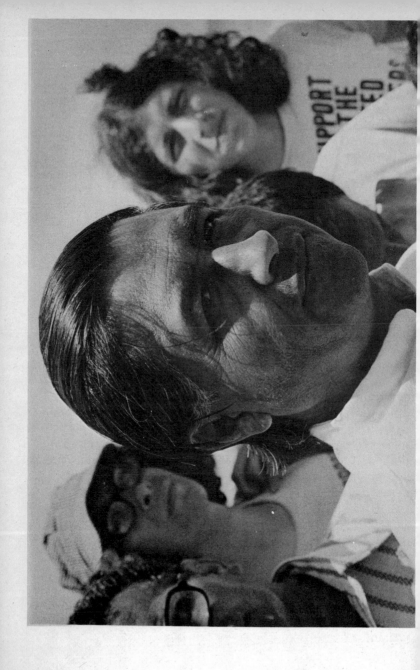

4. Todos los hombres somos hermanos, hijos del mismo Dios; por eso nos dirigimos a todos los hombres de buena voluntad con las palabras del Papa León XIII: "El primer deber de todos es el de *proteger* a los obreros de las *avaricias* de los *especuladores*, quienes usan a los seres humanos como simples instrumentos para hacer dinero. No es ni justo ni humano oprimir a los hombres con trabajo excesivo a *tal grado* que sus *mentes* se *embrutezcan* y sus cuerpos *se gasten*."

5. Sufriremos ahora con objeto de acabar con la pobreza, la miseria, y la injusticia; con la esperanza de que nuestros hijos no sean explotados como nosotros lo hemos sido. Nos han impuesto el hambre, pero ahora tenemos hambre de justicia. *Sacamos fuerzas* de la misma desesperación en que se nos ha forzado a vivir. ¡Resistiremos!

6. Iremos a la huelga. Llevaremos a cabo la revolución que nos hemos propuesto hacer. Somos hijos de la Revolución Mexicana, una revolución del pobre que pedía pan y justicia. Nuestra revolución no será armada; pero sí pedimos que desaparezca el presente orden social. Queremos un nuevo orden social. Somos pobres, somos humildes. Nuestro único *recurso* es ir a la huelga en aquellos ranchos donde no se nos trata con el respeto que *merecemos* como hombres trabajadores, donde no son reconocidos nuestros derechos como hombres libres y soberanos.

7. No queremos el paternalismo del ranchero; no queremos *contratistas*; no queremos *caridad* al precio de nuestra *dignidad*. Queremos igualdad con los patrones y con todos los trabajadores de la nación; queremos salarios justos, mejores condiciones de trabajo y un porvenir decente para nuestros hijos. A los que se nos oponen, sean ellos rancheros, policías, políticos, o especuladores, les decimos que continuaremos luchando hasta morir o hasta vencer. ¡Triunfaremos!

8. Por todo el Valle de San Joaquín, por toda California, por todo el suroeste de los Estados Unidos; allí donde hay gente mexicana, allí donde hay obreros del campo, nuestro movimiento se extiende ya como *voraz* fuego en *reseca llanura*. Nuestra peregrinación es la *mecha* que *encenderá* nuestra

Causa. Así verán todos los obreros del campo lo que aquí está pasando, y se decidirán a hacer lo que nosotros hemos hecho. ¡Ha llegado la hora de la liberación del pobre obrero del campo! Así lo *dispone* la historia.

¡Que siga la huelga! ¡Viva la huelga!

¡Viva la causa! ¡Viva César Chávez!

¡Viva la Virgen de Guadalupe!

VOCABULARIO

obrero campesino, m. farm laborer

huelga, f. strike

uva, f. grape

bienestar, m. well-being

hecho, m. fact

conceder to concede, to grant

sobrevivir to survive

asustar to alarm, to frighten

dispuesto ready, prepared

oponer to oppose

derecho ajeno, m. rights of others

suerte, f. luck, fate

sujeto subject

merced, f. mercy

capricho, m. caprice

brotar to sprout, to produce

guiar to guide

fiel faithful

elegir to elect

protejer to protect

avaricia, f. greed

especulador speculator

a tal grado to such an extent

mente, f. mind

embrutecer to brutalize

gastarse to wear out

acabar con to end

sacar fuerzas to gain strength

recurso, m. recourse

merecer to deserve

contratista, m. contractor (here, a labor contractor)

caridad, f. charity

dignidad, f. dignity

voraz voracious

reseco parched

llanura, f. plain

mecha, f. wick

encender to light

disponer to dispose; to decree

PREGUNTAS

1. ¿Cuál es la base religiosa del movimiento de los obreros campesinos?
2. ¿Por qué se consideran revolucionarios?
3. ¿Quieren caridad los obreros?

El plan espiritual de Aztlán
1969

En el espíritu de una Raza que ha reconocido no sólo su orgullosa herencia histórica, sino también la brutal invasión gringa de nuestros territorios, nosotros los Chicanos habitantes y civilizadores de la tierra *norteña* de AZTLÁN, de donde *provinieron* nuestros abuelos sólo para regresar a sus raíces y *consagrar* la determinación de nuestro pueblo del sol, declaramos que el grito de la sangre es nuestra fuerza, nuestra responsabilidad y nuestro inevitable destino. Somos libres y *soberanos* para señalar aquellas *tareas* por las cuales gritan justamente nuestra casa, nuestra tierra, el *sudor* de nuestra frente y nuestro corazón.

AZTLÁN pertenece a los que *siembran* la *semilla*, riegan los campos, y levantan la *cosecha*, y no al extranjero europeo. No reconocemos fronteras *caprichosas* en el Continente de *Bronce*.

El *carnalismo* nos une y el amor hacia nuestros hermanos nos hace un pueblo *ascendiente* que lucha contra el extranjero *gabacho*, que explota nuestras riquezas y destruye nuestra cultura. Con el corazón en la mano y con las manos en la tierra, declaramos el espíritu independiente de nuestra nación mestiza. Somos la Raza de Bronce con una cultura de bronce. Ante todo el mundo, ante Norteamérica, ante todos nuestros hermanos en el Continente de Bronce, somos una nación, somos una unión de pueblos libres, somos AZTLÁN.

Conferencia de Denver, marzo, 1969

VOCABULARIO

norteño northern
provenir to come; to originate
consagrar to consecrate, to devote
soberano sovereign

tarea, f. task
sudor, m. sweat
sembrar to sow
semilla, f. seed
regar to water; to irrigate

169

cosecha, f. harvest
caprichoso capricious
bronce, m. bronze
carnalismo, m. brotherhood;
  "blood"; "soul"

ascendiente rising
gabacho vulgar term for **gringo,**
  Anglo-Saxon American

PREGUNTAS

1. ¿Qué es Aztlán?
2. ¿Cuáles son las tareas de los Chicanos?
3. ¿Quién es el enemigo de Aztlán?
4. ¿Por qué se llaman "Raza de Bronce"?